LE RETOUR AU
WHY CAFÉ

Catalogage avant publication de Bibliothèque et Archives nationales du Québec et Bibliothèque et Archives Canada

Strelecky, John P
   [Return to the Why Café. Français]
   Le retour au Why Café
   Traduction de : Return to the Why Café.
   ISBN 978-2-89436-450-5
   1. Vie - Philosophie, 2. Morale pratique. I. Titre. II. Titre : Return to the Why Café. Français.
BD435.S77214 2014   128   C2014-940073-X

Nous reconnaissons l'aide financière du gouvernement du Canada par l'entremise du Fonds du livre du Canada (FLC) pour nos activités d'édition.

Nous remercions la Société de développement des entreprises culturelles du Québec (SODEC) pour son appui à notre programme de publication.

Gouvernement du Québec - Programme de crédit d'impôt pour l'édition de livres - Gestion SODEC.

Traduction : Alain Williamson
Infographie de la couverture : Marjorie Patry
Mise en pages : Josée Larrivée
Révision linguistique : Amélie Lapierre
Correction d'épreuves : Michèle Blais

Éditeur :   Les Éditions Le Dauphin Blanc inc.
          Complexe Lebourgneuf, bureau 125
          825, boulevard Lebourgneuf
          Québec (Québec) G2J 0B9 CANADA
          Tél. : 418 845-4045   Téléc. : 418 845-1933
          Courriel : info@dauphinblanc.com
          Site web : www.dauphinblanc.com

ISBN format papier : 978-2-89436-450-5

Dépôt légal : 1er trimestre 2014
              Bibliothèque nationale du Québec
              Bibliothèque et Archives Canada
Données de catalogage disponibles auprès de Bibliothèque et Archives nationales du Québec.

Imprimé au Canada

Limites de responsabilité

John P. Strelecky

Le Retour au Why Café

Traduit de l'anglais
par Alain Williamson

Le Dauphin Blanc

# PROLOGUE

Parfois, lorsque vous vous y attendez le moins, et peut-être lorsque vous en avez le plus besoin, vous vous retrouvez à un nouvel endroit, avec de nouvelles personnes, et vous y apprenez de nouvelles choses. C'est ce qui m'est arrivé une nuit, il y a de cela plusieurs années, dans un petit établissement affectueusement appelé « Le Why Café ».

Cette nuit passée au Why Café a orienté ma vie sur une voie que je n'aurais jamais imaginée. J'ai appris ce qu'était la vraie liberté et réalisé que c'était là mon appel intérieur.

Je n'ai jamais su comment ni pourquoi je m'étais retrouvé à ce café à ce moment précis. Mais j'ai toujours été reconnaissant de cette chance que la vie m'avait offerte.

Puis, un jour, par des circonstances différentes et des plus invraisemblables, je me suis de nouveau retrouvé devant le café. Une fois de plus, les moments que j'y ai passés ont orienté ma vie dans une direction inespérée et m'ont rempli de gratitude.

Voici l'histoire de mon retour au Why Café.

1

C'était une journée parfaite. Le ciel était d'un bleu
majestueux, l'air était chaud sans être suffocant. Je me
sentais au paradis, ce qui était le cas en quelque sorte. Hawaï
a des airs de paradis.

Mon seul plan de la journée consistait à faire une
randonnée à bicyclette. Rien d'autre. Pas d'horaire, pas
de parcours tracé à l'avance, pas de rendez-vous. Juste
une longue promenade, à pédaler sur les routes selon
mon intuition. Moi, ma bicyclette et un paradis à explorer,
c'était tout !

J'avais roulé pendant quelques heures et, pour tout dire,
je n'avais aucune idée de l'endroit où les chemins pris au
hasard m'avaient conduit. Au fond, c'était exactement ce
que je désirais.

L'une de mes chansons préférées me vint en tête. Elle
était d'une artiste, Jana Stanfield. Les paroles de la chanson
disaient, entre autres : « Je ne suis pas perdu, j'explore. »

Ça correspondait exactement à ma balade en vélo. En fait, ça correspondait aussi parfaitement à la plupart de mes aventures.

Soudain, mon esprit se fixa sur le souvenir d'une certaine nuit, des années auparavant. Sauf que, cette fois-là, je n'avais pas le sentiment d'explorer. Je me sentais plutôt perdu. Cette nuit avait changé ma vie, une seule nuit passée dans un petit établissement : « Le café du "Pourquoi êtes-vous ici" ? » ou, comme l'appelaient affectueusement ceux qui le visitaient, « Le Why Café ».

J'avais connu tellement de changements depuis cette nuit-là qu'il m'était même difficile de me rappeler à quoi ressemblait ma vie avant mon passage au Why Café. J'avais l'impression que c'était une autre vie, un autre moi.

J'ai emprunté une courbe sur la route et j'ai aperçu l'océan, d'un bleu incroyable. J'ai pensé à une tortue de mer... un autre lien avec ma nuit au café.

Étrangement, le café n'avait jamais vraiment quitté mes pensées. Cependant, je n'y avais jamais repensé avec une telle intensité depuis longtemps.

Deux autres courbes sur la route. Deux autres points d'observation spectaculaires.

Hawaï offre un mélange de couleurs des plus fascinants. Parce que ces îles se formèrent à la suite d'éruptions volcaniques, on retrouve partout des rochers faits de larve d'un noir intense. Comme si la nature avait voulu créer un contraste saisissant, des plantes d'un vert vibrant avaient poussé parmi les roches noires. Ajoutez à ce contraste le bleu turquoise de la mer et une myriade d'orangés, de rouges et d'autres brillantes couleurs de fleurs qui prolifèrent et vous obtenez un spectacle visuel incroyable.

Fabuleux, me suis-je dit, *tellement fabuleux.*

Les dix derniers mois de ma vie avaient été également remplis de moments fabuleux. J'avais observé les baleines sur les côtes de l'Afrique du Sud, j'avais fait un safari au Namibie, j'avais aidé des tortues de mer nouvellement écloses à retrouver la mer en Amérique centrale... Et mon voyage s'était terminé par une aventure de trois mois à vélo à travers la Malaisie et l'Indonésie. Avant de retourner à la maison, j'avais décidé de passer quelques semaines à Hawaï. Après tout, lorsque vous êtes si près du paradis, aussi bien y passer un peu de temps !

Je n'en étais pas à ma première excursion à la découverte du monde. Après ma nuit au Why Café, j'ai adopté une nouvelle approche de la vie. Depuis, je travaille une année entière, et je voyage toute l'année suivante. Je travaille de nouveau pendant une année, et je visite le monde durant l'année qui suit. Cette approche semble bizarre pour la plupart des gens. Ils s'inquiètent de la sécurité et de l'avenir. Pour moi, ça fonctionne très bien. Je me suis aperçu que lorsque vous excellez dans ce que vous faites, vous êtes toujours *demandé*. Trouver un nouvel emploi tous les deux ans n'a jamais été un problème.

Les personnes qui s'étonnent de ma façon de vivre me disent souvent, toutefois, qu'elles aimeraient l'essayer. Cependant, à part quelques rares exceptions, aucune d'elles n'a osé le faire. Même les personnes qui disaient à quel point ce serait agréable de partir quelques semaines avec moi n'ont jamais été plus loin que leurs paroles.

Sans doute est-ce pour elles un trop grand saut dans l'inconnu.

Je pédalais toujours, et d'autres magnifiques paysages s'offraient à moi le long de la route. Le doux parfum des fleurs était présent partout. C'est l'une des choses que j'aime d'Hawaï: le parfum des fleurs. On a l'impression de respirer à même le nectar. La nature à son état le plus pur!

Quelques kilomètres plus loin, je me suis retrouvé dans une portion de l'île que je n'avais jamais visitée auparavant. J'avais quitté la région vallonnée et montagneuse. Le sol était plat et je pouvais entendre le bruit des vagues sur ma droite.

J'arrivais à la hauteur d'un embranchement sur la route. Prendre à droite ou à gauche?

Choisis le chemin le moins fréquenté, ai-je pensé, *toujours celui le moins fréquenté.* Dans ce cas-ci, c'était celui vers la droite. Je l'ai emprunté. Le pavé avait cédé la place au gravier. Je pouvais ressentir les muscles de mes jambes se tendre pour relever le défi. J'adore cette sensation, qu'elle provienne de mon esprit, de mes jambes ou de tout autre muscle. Je sais alors que je suis en pleine aventure. Quelque chose me pousse, quelque chose d'excitant et de nouveau.

Tandis que je continuais à pédaler, j'apercevais la mer entre les arbres. *J'irai peut-être nager plus tard*, ai-je pensé.

Chapitre 1

Après une vingtaine de minutes à rouler sur la route en gravier, j'ai soudainement ressenti un étrange sentiment de déjà-vu. C'était curieux. Je n'étais assurément jamais venu dans cette partie de l'île auparavant. Et pourtant...

J'essayais de comprendre ce sentiment lorsque je l'ai vu. Juste un peu plus haut que la route, sur la droite. Un petit bâtiment blanc, avec un stationnement en gravier devant et une enseigne au néon bleu sur le toit.

J'en suis presque tombé de mon vélo. *Impossible*, me suis-je dit.

Mais, évidemment, rien n'est impossible au Why Café !

Je me suis approché et je ne pus m'empêcher de sourire. J'avais tellement de souvenirs reliés à ce café. J'y avais compris tellement de choses. Mais que faisait-il là ? Maintenant ? Ce n'était assurément pas à Hawaï que je l'avais trouvé la dernière fois.

J'ai jeté un coup d'œil derrière moi. Il n'y avait personne. J'ai redoublé d'efforts et augmenté ma vitesse. Je voulais me rendre au café et y pénétrer avant qu'il ne disparaisse !

Je n'avais pas à m'inquiéter. J'y fus en cinq minutes à peine, et le café était toujours là. Je n'arrivais pas à détourner le regard.

Je n'arrive pas à le croire, me suis-je dit.

Je remarquai un endroit pour ranger ma bicyclette. Mon esprit ne cessait de s'interroger.

Qu'est-ce que le Why Café faisait ici ?

2

J'ai rapidement gravi les quelques marches de l'entrée et, après un moment d'hésitation, j'ai ouvert la porte du café. Des cloches ont tinté, les mêmes que la dernière fois. Elles annonçaient mon arrivée.

J'ai pénétré dans le café et j'ai jeté un coup d'œil tout autour. J'eus l'impression de retourner dans le passé. L'intérieur était exactement semblable à celui d'il y a dix ans. Les banquettes aux coussins de « cuirette », les tabourets chromés, le long comptoir... Et tout semblait parfaitement neuf !

« Bienvenue de nouveau, John. »

Je me tournai sur ma gauche. Un moment auparavant, il n'y avait personne. Maintenant, Casey s'y trouvait. Casey était l'employée qui m'avait servi lors de ma visite précédente. J'avais alors passé la nuit à discuter avec elle, le propriétaire du café et une cliente. Ma vie avait été transformée par leurs idées et leurs conceptions de la vie.

Casey souriait.

« Bonjour, Casey », lui dis-je en lui souriant à mon tour.

Elle s'approcha et me fit une chaleureuse étreinte. « Il y a longtemps que nous vous avons vu. »

Je confirmai d'un signe de tête, encore tout étonné de me retrouver au café et de parler avec Casey. « Vous semblez en pleine forme, lui dis-je. Vous semblez... être la même qu'avant ! »

Et c'était vrai. Elle n'avait pas vieilli du tout.

Elle sourit de nouveau. « Vous semblez en pleine forme, vous aussi, John. »

Je promenais mon regard tout autour du café.

« Je n'arrive pas à croire que je suis ici. Ce matin, le Why Café était très présent à mon esprit. Mais de le trouver ici...

– Nous déménageons, parfois », dit-elle, comme si ça expliquait parfaitement comment le même café que j'avais visité des années auparavant se retrouvait maintenant à des milliers de kilomètres de son emplacement initial.

« Ou peut-être avons-nous des franchises ! » ajouta-t-elle en souriant.

J'ai ri. Elle me taquinait en rapport avec un commentaire que j'avais fait lors de ma précédente visite. Comment pouvait-elle bien s'en souvenir ?

Chapitre 2

Elle avança vers une banquette. « Voulez-vous vous asseoir ? »

Je me suis glissé sur la cuirette rouge tout en tâtant le dessous du siège. Il semblait parfaitement neuf.

« Puis-je vous servir quelque chose ? » demanda Casey en déposant un menu sur la table.

J'ai souri. Je me souvenais du menu, celui avec le texte magique qui apparaissait et disparaissait. Je l'ai pris.

La dernière fois, trois questions étaient inscrites à l'arrière du menu :

- *Pourquoi êtes-vous ici ?*
- *Avez-vous peur de la mort ?*
- *Êtes-vous pleinement épanoui ?*

J'ai retourné le menu. Les questions y étaient toujours. Bon sang ! Que ces trois questions avaient transformé ma vie !

« Les choses semblent quelque peu différentes pour vous, non ? » demanda Casey.

Je l'ai regardée et lui ai souri.

« Oh oui ! Très différentes, en fait. Et de façon positive !

– Par exemple ? »

J'ai secoué la tête. « Wow ! Par où devrais-je commencer ? »

Casey se glissa sur la banquette en face de moi. Elle couvrit mes mains des siennes. « Pourquoi pas par le matin où vous avez quitté le café, il y a dix ans... »

3

J e tournai ma main et serrai tendrement celle de Casey. Elle était chaude. Elle était réelle. J'étais vraiment de retour au Why Café.

Arrivant à peine encore à le croire, j'ai secoué la tête et j'ai souri.

« Eh bien, voyons voir... ai-je commencé. Armé du menu que vous m'aviez donné, d'un morceau de tarte aux fraises et à la rhubarbe que Mike m'avait offert et d'une toute nouvelle perspective de la vie, j'ai quitté le café et je suis entré dans une nouvelle réalité.

» Cette nuit m'a complètement transformé. Jusqu'à ce jour, je peux dire que ce que j'y ai appris a encore des répercussions sur plusieurs aspects de ma vie. L'histoire de la tortue verte, celle du pêcheur, la discussion avec Anne au sujet du choix de notre propre version de la réalité... Tout cela a largement contribué à façonnerma façon de vivre maintenant. »

Casey sourit et s'adossa à la banquette. Elle fit un signe de tête en direction de l'entrée du café. « Vous n'étiez pas aussi heureux la dernière fois que vous êtes entré ici. »

J'ai souri à mon tour.

« C'est beaucoup mieux, maintenant. En fait, c'est tellement mieux que j'ai peine à me rappeler à quoi ressemblait ma vie auparavant. Je dois vraiment me concentrer pour me souvenir à quel point la vie me semblait difficile alors.

– Donc, vous avez quitté le café, et qu'est-il arrivé ensuite ?

– Les choses ont changé. (J'ai haussé les épaules.) J'ai changé. Mes croyances, mes actions, mes approches... Certains changements étaient minimes, d'autres, considérables. Peu de temps après avoir quitté le café, j'ai abandonné mon travail et j'ai décidé d'aller voir le monde.

– Vraiment ? »

Je confirmai d'un signe de la tête.

« Je rêvais de le faire depuis longtemps. Ça me semblait pourtant tellement inaccessible. Mais après mon passage au café, j'étais plus ouvert. Je crois qu'avant, lorsque je rencontrais des gens qui réalisaient des choses étonnantes, j'érigeais des murs autour de moi. Je trouvais des millions de raisons pour me convaincre que je ne pourrais pas en faire autant ou pour expliquer pourquoi je ne le faisais pas. Après ma nuit au café, je voyais ces mêmes personnes avec un regard différent. Elles n'étaient plus des menaces. Elles étaient des guides.

Chapitre 3

» Je pense que je manquais de confiance en moi. J'avais tellement peur d'avoir l'air idiot ou de me sentir embarrassé parce que je ne savais pas certaines choses. Je n'osais jamais poser de questions. Pire, je ne profitais pas des occasions pour apprendre.

» Peu importe. Après être venu au café, j'ai continué à croiser le chemin de personnes très intéressantes et qui voyageaient à travers le monde. J'ai donc épargné suffisamment d'argent et j'ai pris la route à mon tour. »

Casey approuvait d'un signe de la tête.

« Et... ? »

J'ai souri. « Ce fut plus merveilleux que je ne pourrai jamais le décrire, même en cinquante vies ! Je veux dire, ma vie en fut complètement transformée de nouveau. Il y a tellement d'endroits fabuleux sur cette planète et autant d'expériences fantastiques à y vivre. Sans parler des leçons de vie qu'on y apprend. »

4

Casey et moi avons discuté pendant tout près d'une heure. Je lui ai parlé des différents endroits que j'avais visités et de quelques-unes de mes aventures : safari en Afrique, ascension de la Grande Muraille de Chine, exploration des jungles de Bornéo, marche parmi les reliques de la Rome antique. J'eus l'impression que Casey connaissait déjà plusieurs de ces endroits dont je lui parlais. Quelque chose me disait qu'elle voyageait, elle aussi. Pourtant, elle n'arrêtait pas de me poser des questions.

« Et vous ? ai-je finalement demandé. Je n'ai presque pas arrêté de parler... Parlez-moi de vous.

– Eh bien, comme vous l'avez probablement remarqué, nous ne sommes pas au même endroit que lors de votre dernière visite.

– En effet, je me posais des questions à ce sujet, justement.

– Il y a une raison. Quelque chose est en train de se produire aujourd'hui.

– Qu'est-ce que c'est ? »

Au même moment, une auto blanche se gara dans le stationnement.

Casey lui jeta un coup d'œil.

« Savez-vous cuisiner, John ?

– Pas vraiment. Sans doute m'en sortirai-je pour vos petits-déjeuners standards... Pourquoi ?

– Mike sera ici un peu plus tard, aujourd'hui. J'aimerais bien avoir un peu d'aide à la cuisine. » Elle désigna l'auto blanche d'un mouvement de la tête. « Il semble que nous ayons notre premier client. »

J'avais plusieurs raisons de refuser. Je n'avais jamais fait la cuisine dans un café. Je ne connaissais que quelques trucs. Je ne travaillais pas au café, en fait... Mais, pour une raison quelconque, la proposition de Casey me semblait aller de soi.

Je lui souris.

« Eh bien... si les clients commandent des crêpes aux bleuets ou du pain doré aux ananas, ça devrait aller. Pour tout le reste, je ne promets rien. »

Elle me sourit à son tour. « Espérons que les clients opteront pour ces deux choix. »

Elle regarda de nouveau vers l'auto dans le stationnement. « Pourquoi n'allez-vous pas jeter un coup d'œil à la cuisine ? Je vous y retrouve dans quelques minutes. »

5

Casey surveillait la femme qui sortait de l'auto. Selon les standards d'Hawaï, on pouvait dire qu'elle était particulièrement bien vêtue : un tailleur, des talons hauts, les cheveux relevés en chignon. Et, par-dessus tout, une mine stressée. Elle essayait de fermer la portière, de ranger ses clés et de répondre à son cellulaire en même temps.

Elle réussit à fermer la portière, mais laissa tomber ses clés sur le gravier. Casey l'entendit jurer tandis qu'elle se penchait pour les ramasser. Une fois accroupie, elle échappa également son téléphone. Casey sourit.

Après avoir ramassé ses clés et son téléphone, la femme se dirigea vers le café. Sans tarder, elle porta une fois de plus son téléphone à son oreille. En gravissant les quelques marches du café, elle se souvint d'avoir oublié de verrouiller la portière. Elle jongla avec les clés et les échappa de nouveau. Elle prit un air irrité. Puis, elle récupéra ses clés et, dans un bip retentissant, verrouilla les portières de son auto.

La femme entra dans le café et pressa un peu plus son téléphone sur son oreille, comme si elle essayait de mieux entendre. «Je n'arrive pas à t'entendre... cria-t-elle. La réception est affreuse. Je ne peux pas... Je ne peux pas...»

Elle fixa son téléphone. Exaspérée, elle soupira et l'éteignit.

«Bonjour», dit Casey d'une voix détendue. Elle était restée près de l'entrée et avait suivi toute la scène.

La femme leva la tête, surprise. «Bonjour. Désolée pour tout cela. Je... Je veux dire...» La femme secoua la tête. «J'essayais de terminer l'appel, mais tout à coup, il était impossible d'obtenir une bonne réception.»

Casey confirma d'un mouvement de la tête. «Ouais, ça se produit dans les environs. Puis-je vous aider?» demanda-t-elle, toujours avec le sourire.

La femme jeta un coup d'œil autour d'elle, évaluant l'environnement. Devait-elle rester? Partir? Sa tenue et son comportement indiquaient qu'elle cherchait un autre endroit que le café. Ses yeux et son expression faciale confirmaient son intention de partir.

Casey remarqua alors quelque chose. Elle avait aperçu un bref éclat de lumière dans les yeux de la femme. Sous une apparence clinquante, un authentique *quelque chose* murmurait: «Reste un peu.»

«Il y a plusieurs autres endroits pour prendre un repas, sur la route, un peu plus loin, peut-être à vingt minutes d'ici, dit Casey. Vous aurez une meilleure réception téléphonique là-bas. » Casey donnait une option de sortie à la femme.

Cette dernière hésita. Une grande partie de son énergie semblait déjà prête à quitter le café. Pourtant, il y avait cette sensation...

« Ou vous pouvez rester un peu, reprit Casey. Prenez une bouchée et vous pourrez éclaircir vos idées. »

Casey désigna une banquette près de la fenêtre. « C'est une bonne place. »

La femme regarda Casey qui soutint son regard. « D'accord », dit la femme au bout de quelques secondes. Elle secoua la tête comme si elle essayait de ramasser ses esprits. « D'accord, merci. »

Elle se glissa sur la banquette proposée par Casey.

« Je vous laisse quelques minutes pour jeter un coup d'œil au menu, dit Casey en déposant un menu sur la table. En attendant, voulez-vous boire quelque chose ?

– Un café. Noir.

– Je reviens. »

Casey se retourna en direction de la cuisine, un sourire sur les lèvres.

6

J'étais toujours en train de me familiariser avec la cuisine lorsque Casey vint me rejoindre.

« Vous vous en sortez ? demanda-t-elle.

– Eh, bien, j'ai trouvé la plaque chauffante, le réfrigérateur et les ustensiles.

– Et le tablier ! ajouta Casey.

– Et le tablier, répétai-je en jetant un coup d'œil sur moi-même. J'espère que Mike n'y verra pas d'inconvénients. Je l'ai vu accroché derrière la porte et il semblait m'appeler !

– Je suis certaine qu'il sera d'accord, dit Casey.

– Et qu'est-ce qui amène notre nouvelle cliente ?

– Il est trop tôt pour le dire, répondit Casey avec un sourire énigmatique. Nous verrons bien... »

Casey pointa quelque chose derrière moi.

« Elle aimerait avoir une tasse de café noir. Pouvez-vous me passer la cafetière ?

– Je n'arrive pas à trouver le café, avouai-je. C'est justement ce que je cherchais lorsque vous êtes venue dans la cuisine. »

Casey pointa de nouveau derrière moi. Je me suis retourné et j'ai vu une cafetière remplie d'un café frais, bien posée sur le réchaud. Je *savais* qu'elle n'y était pas vingt secondes plus tôt.

« Êtes-vous certaine d'avoir besoin de mon aide ? » demandai-je à Casey en lui tendant la cafetière. Je me rappelais tout à coup que les choses au Why Café n'étaient pas toujours ce qu'elles semblaient être.

« Absolument », précisa Casey en prenant la cafetière et une tasse tout près. Elle me sourit. « Attendez-moi, je reviens dans une minute. »

7

Casey s'approcha de la table. La femme essayait toujours de composer des numéros sur son cellulaire, même si elle n'obtenait aucune connexion. C'était une habitude.

« Et voilà ! Une tasse de café frais. Noir. Notre mélange spécial hawaïen, dit Casey en remplissant la tasse qu'elle venait de déposer sur la table. Toujours pas de connexion, hein ?

– Non », répondit la femme, quelque peu agacée.

Casey déposa la cafetière et tendit la main à la femme. « Je m'appelle Casey. C'est la première fois que vous venez ici, non ? »

La femme tendit prudemment la main et serra celle de Casey.

« Oui, c'est la première fois. J'ai bien peur d'être un peu perdue. Je n'ai jamais été aussi déroutée auparavant. Je m'appelle Jessica.

– Je suis heureuse de vous avoir parmi nous. Bienvenue, Jessica. »

Casey s'étira et attrapa le menu sur la table où nous étions assis, elle et moi, quelques instants auparavant. Elle le déposa tout près de Jessica. « Si jamais vous restez plus longtemps que prévu… »

Jessica jeta un coup d'œil sur la couverture du menu. On pouvait y lire une inscription : « Bienvenue au Why Café ». Puis, immédiatement en dessous : « Avant de commander, s'il vous plaît, informez-vous auprès de notre personnel sur le sens que pourrait avoir votre passage ici. »

Jessica pointa ce qu'elle venait de lire et leva les yeux vers Casey. « Je ne saisis pas. »

Casey sourit. « Avec les années, nous avons remarqué que les gens étaient différents après avoir passé quelques instants ici, dit-elle. Alors, maintenant, nous essayons de leur faciliter l'apprentissage de l'expérience du "Pourquoi êtes-vous ici ?". Nous leur parlons un peu de ce à quoi ils peuvent s'attendre. »

Confuse, Jessica fixa Casey un instant.

« Je ne saisis toujours pas.

– Parfois, vous allez à un endroit et vous demandez un café, et vous obtenez un café. Parfois, vous demandez un café et vous finissez par obtenir beaucoup plus que ce que vous vous attendiez de recevoir. Disons qu'ici, c'est le genre d'endroit où vous obtenez plus que ce que vous aviez demandé. »

Chapitre 7

Jessica semblait toujours confuse.

« Jetez un coup d'œil au menu et si quelque chose vous tente, faites-le-moi savoir, dit Casey. Je reviens dans quelques minutes. »

Tandis que Casey s'éloignait, Jessica ouvrit le menu.

Cette place est bizarre, pensa-t-elle.

Elle regarda son cellulaire de nouveau. Toujours pas de connexion. *Même pas moyen de vérifier les commentaires de clients au sujet de cet endroit!* se dit-elle.

« Nous sommes un peu à l'écart de la tendance moderne à cet égard. » C'était Casey. Elle venait de débarrasser une table et elle passait tout près de Jessica pour se rendre à la cuisine. « Mais ça vous donne la chance de puiser dans votre intuition. C'est plus puissant, de toute façon », dit-elle en souriant.

Hésitante, Jessica sourit en retour, mais toujours incertaine du discours de Casey qu'elle observa se rendre à la cuisine.

Comment a-t-elle su ce à quoi je pensais? se dit-elle.

8

«Comment vont les choses, ici?»

Je levai les yeux. J'étais occupé à analyser tout ce qui se trouvait dans le réfrigérateur.

«Bien, je crois, mais je ne suis pas certain d'être prêt pour ce travail.

– Vous ne seriez pas ici si vous ne l'étiez pas.

– Et comment va notre cliente?

– Sensiblement comme vous la première fois que vous nous avez visités. Elle ne sait pas si elle doit rester ou déguerpir!»

J'approuvai d'un signe de tête. Je me souvins d'être au café et d'essayer de me convaincre de me lever et de partir, alors que tout à l'intérieur de moi disait: «Reste!»

«Exactement, approuva Casey. Elle remet en doute son intuition, tout comme vous le faisiez.»

Je ramassai mon sac à dos que j'avais déposé sur une tablette tout près et j'en retirai mon carnet de notes. « C'est drôle que vous disiez cela. Lorsque j'ai fait le tour de la cuisine et du frigo, une partie de moi était absolument convaincue que je serais beaucoup mieux assis dans la salle à manger, dis-je en désignant les banquettes.

– Mais ?

– Mais l'une des plus grandes leçons que j'ai apprises au cours de mes voyages est de faire confiance à mon intuition. Lorsque vous vous retrouvez dans des endroits où vous n'avez jamais mis les pieds avant, que vous devez composer avec une langue que vous ne comprenez pas et que vous vivez des situations totalement nouvelles, vous ne pouvez pas compter sur votre expérience pour prendre des décisions. Par contre, chaque fois où j'ai fait confiance à mon intuition, tout fut toujours parfait. Je n'avais qu'à calmer mon esprit pour une minute ou deux et je savais ensuite ce que je devais faire. »

Casey approuva. « C'est bien que nous ayons en nous un système du genre pour nous guider, non ? Dommage que tant de gens ne soient pas à l'écoute. »

Elle remarqua mon carnet de notes que je tenais toujours dans les mains.

« Qu'y a-t-il dans ce carnet ?

– Des idées, des pensées, des réflexions... Mes réalisations *ha-ha !*. Après avoir quitté le café la première fois, j'ai développé une habitude. Lorsque je découvre quelque chose de significatif – lorsque j'ai un moment *ha-ha !* –, je le note dans mon carnet. Et je le fais au même moment où je le vis, dis-je en riant. J'ai appris à mes dépens que si je n'écris pas immédiatement les idées lorsqu'elles me viennent, je les oublie.

– Qu'écrirez-vous cette fois-ci?

– En fait, cette fois, je fais des cercles.

– Des cercles? »

Je fis signe que oui. «Comme je le disais, j'ai appris à faire confiance à mon intuition lorsque je voyageais. J'ai noté cette idée dans mon carnet il y a longtemps déjà. Ce matin, en nourrissant des doutes sur la possibilité de remplacer Mike, je ne faisais pas confiance à mon intuition. Alors, j'encercle la note. »

J'ai ouvert mon carnet et j'ai tourné les pages jusqu'à la note que je cherchais. Puis, j'ai dessiné un grand cercle autour.

Casey observait ce que je faisais. «Vous avez encerclé *Faire confiance à mon intuition*, remarqua-t-elle en riant. Et d'après ce que je peux voir, ce n'est pas la première fois que vous encerclez cette note! »

Je me suis mis à rire à mon tour. «Non, ce n'est pas la première fois! »

Il devait y avoir une vingtaine de cercles autour de la note.

«Et pourquoi faites-vous cela?

– C'est une bonne façon de me souvenir de faire confiance à mon intuition, ou à toute autre réflexion. Le soir, ou lorsque j'ai quelques instants libres, je parcours mon carnet. Les réflexions qui ont été encerclées de nombreuses fois retiennent toujours mon attention. C'est une excellente façon de renforcer les leçons importantes que j'ai apprises avec le temps. Les notes souvent encerclées deviennent des habitudes et je n'ai plus à les encercler aussi souvent.

– Et que s'est-il passé aujourd'hui ? »

J'ai souri. « Même les plus grands esprits oublient de temps en temps, non ? »

Casey éclata de rire. Je me suis tout de même expliqué.

« À vrai dire, je crois que c'est grâce à mon retour ici. Je suis encore sous le choc de me retrouver ici. Cela ravive certains souvenirs de qui j'étais avant d'entrer au Why Café la première fois. Je suis tellement reconnaissant de cette nuit passée au café et des changements qu'elle a provoqués dans ma vie. D'un autre côté, je ne suis plus cet homme. Alors, je crois que j'essaie de m'ajuster à la réalité d'être de retour ici tout en étant l'homme que je suis maintenant. Est-ce que tout cela a du sens ? »

Casey regarda vers la salle à manger.

« Parfaitement ! dit-elle. Et c'est une bonne chose que vous vous rappeliez comment vous vous sentiez lors de votre première visite parce que quelqu'un a besoin de l'entendre.

– Qui ?

– Notre cliente ! Elle est sur le point de partir parce qu'elle a peur de rester. »

Je regardai à mon tour vers la salle à manger. De toute évidence, la femme commençait à ramasser ses trucs personnels.

« Je vais m'en occuper.

– Êtes-vous sûr ? »

J'ai souri et tapoté du doigt la page de mon carnet.

« Faire confiance à mon intuition ! »

9

«Bonjour!»

Jessica avait ramassé ses effets personnels et elle s'apprêtait à se lever de la banquette. Mais elle venait d'échapper ses clés sous la table et tentait vainement de les récupérer. Elle leva la tête.

«Oh! Bonjour! répondit-elle nerveusement.

– Laissez-moi vous aider. (Je me suis penché et j'ai attrapé ses clés.)

– Êtes-vous sur le point de partir?»

Elle ne savait pas quoi dire, je le devinais bien.

«Eh bien... je... j'étais juste...

– Vous pouvez partir si vous le voulez. Ce n'est pas un problème.»

Je souris et la regardai droit dans les yeux.

« J'ai le fort pressentiment que vous devez vous trouver ici, maintenant. Ne le sentez-vous pas, vous aussi ? »

Elle me fixa, visiblement confuse. Je le voyais à son regard. On y décelait tellement de peur et en même temps tellement aussi de... quelque chose d'autre. De l'espoir, peut-être ? Elle détourna le regard.

Je lui souris de nouveau.

« Je m'appelle John, dis-je avec entrain en lui tendant la main. Je suis le chef cuisinier. »

Du moins, en ce moment..., ai-je pensé.

« Quelque chose me dit que si vous restiez un peu et que vous me permettiez de vous préparer l'un de nos déjeuners spéciaux, vous auriez une toute nouvelle perspective sur la vie dans une heure ou à peu près. »

J'avais dit cela avec désinvolture, comme si ce n'était qu'une agréable invitation à un vraiment, vraiment bon déjeuner. Je n'avais pas voulu l'effrayer avec le fait qu'elle aurait probablement une tout autre vision de la vie lorsqu'elle quitterait le café.

Elle hésitait. Je sentais qu'elle avait toujours l'intention de partir.

J'ai d'abord baissé la voix et me suis avancé vers elle quelque peu. Et alors, de la manière la plus charmante, je lui demandai : « Pouvez-vous garder un secret ? »

Malgré elle, elle sourit.

« Certainement.

Chapitre 9

– Aujourd'hui est ma première journée de travail. Et vous êtes ma toute première cliente. Si vous partez, je pense vraiment que les propriétaires pourraient perdre confiance en moi. »

J'ai souri, feignant d'être inquiet. « Je pourrais moi-même perdre un peu confiance en moi. »

Elle sourit de nouveau. Mon approche fonctionnait.

« Vous ne souhaitez pas avoir cela sur la conscience, n'est-ce pas ? Je sais que je peux exceller dans cet emploi. Et si vous restez, j'ai le sentiment que ce sera ma chance. »

Elle m'observa. Je lui ai souri. Elle hésita. Puis, elle déposa ses trucs sur la table.

« Merci, lui dis-je. Vous ne le regretterez pas, je vous le promets. »

Elle s'assit et prit son cellulaire. Toujours la même habitude.

« Il n'y a pas vraiment de connexion ici, précisai-je, mais vous aurez de magnifiques conversations, croyez-moi. »

D'un signe de tête, j'ai désigné le menu sur la table. « Je vous laisse un moment pour parcourir le menu et Casey viendra ensuite noter votre commande. D'accord ? »

Elle acquiesça d'un signe de la tête.

Je suis reparti vers la cuisine.

« Jessica », dit la femme.

Je me suis retourné. « Pardon ? »

Elle me sourit. C'était un beau sourire, un sourire sincère. Le genre de sourire que l'on ne peut feindre. Elle n'avait pas décidé de rester à cause de mon petit scénario. Elle faisait confiance à son intuition, et tout son être lui signifiait que c'était la bonne décision.

« Je m'appelle Jessica », dit-elle de nouveau.

Je lui souris en retour. « Je suis ravi de vous rencontrer, Jessica. Merci de rester avec nous. Vous ne le regretterez pas. »

 **10**

« À votre tour », dis-je à Casey en traversant la porte de la cuisine.

Casey s'esclaffa.

« On dirait bien que quelqu'un s'est servi de son charme, me dit-elle.

– Jusqu'ici, tout va bien. Si elle commande autre chose que les pains dorés aux ananas ou les crêpes aux bleuets, je ne suis pas sûr que le charme opérera toujours. »

Casey me sourit et sortit de la cuisine.

« Alors, vous avez pris une décision ? » demanda-t-elle à Jessica en s'approchant de la table.

Jessica fit signe que oui.

« Je vais rester un peu. Je viens de parler avec votre chef.

– Et ça s'est bien passé ?

– Il est amusant, dit Casey en souriant.

– Qu'est-ce qu'il a bien pu vous dire pour vous convaincre de rester ?

– Vous savez, je pense que j'essayais de me convaincre moi-même de partir. Je ne sais pas vraiment ce que je fais ici et j'ai plein d'obligations à respecter aujourd'hui... Mais, je ne sais pas pourquoi, la conversation avec votre chef m'a rappelé plusieurs promesses que je me faisais à moi-même et que je ne tenais jamais.

– Lesquelles ?

– Relaxer davantage, profiter de la vie... et me fier à mon intuition lorsque je suis dans le doute. »

Casey sourit.

« Il l'avait encerclé pour vous !

– Quoi ? demanda Jessica, confuse.

– Je vous expliquerai plus tard. Ou notre chef le fera lui-même ! »

Casey désigna le menu. « Avez-vous fait un choix ? »

Quelques minutes plus tard, Casey s'approcha du comptoir de commandes. Elle attacha la commande de Jessica au petit support circulaire. Elle me regarda par l'ouverture du comptoir et me dit avec entrain : « Une commande à préparer. »

Chapitre 10

Tandis qu'elle s'éloignait, je me suis approché à mon tour du comptoir et j'ai fait tournoyer le support pour saisir la commande.

Vous aimerez cette place, ai-je pensé dans un sourire.

J'ai placé la commande sur la table de travail, près de la cuisinière.

Une assiette de pain doré aux ananas, et c'est parti, me suis-je dit.

11

J essica avait observé Casey apporter la commande à la cuisine. *Je crois toujours que cette place est plutôt mystérieuse,* pensa-t-elle.

Elle prit une fois de plus son téléphone, mais elle se rappela qu'elle n'obtenait aucune connexion.

En déposant le téléphone, elle remarqua quelques mots au bas du menu. Le menu était déposé sur la table de manière à ce que Jessica puisse lire la couverture. Il y avait le nom du café, le truc sur le sens d'un passage en ce lieu et, tout en bas, une flèche et quelques mots : *retournez-moi.*

Jessica retourna le menu. L'arrière était vide, excepté trois questions :

- *Pourquoi êtes-vous ici ?*
- *Jouez-vous dans votre terrain de jeu ?*
- *Avez-vous un HPM ?*

Bon, maintenant, ce n'est plus juste mystérieux, c'est très mystérieux, se dit Jessica. Elle lut les questions de nouveau. *Je n'ai aucune idée pourquoi je suis ici, je n'ai pas joué dans un terrain de jeu depuis que je ne suis plus une enfant et, pour l'amour du ciel, qu'est-ce qu'un HPM ?*

Elle retourna le menu et prit son téléphone. Aucune connexion. Elle le savait déjà. Pourquoi ne pouvait-elle pas s'empêcher de toujours prendre son téléphone ?

Parfois, il faut du temps pour se défaire de certaines habitudes.

Casey s'approchait. « Encore un peu de café ? »

Jessica accepta. Elle jeta un coup d'œil au téléphone. « Je crois que je suis dépendante de ce bidule. J'ai l'impression de l'avoir pris une douzaine de fois depuis que je suis ici. Je dois le faire constamment sans même m'en rendre compte. »

Jessica regarda autour d'elle. « Est-ce toujours aussi tranquille ? »

Casey fit signe que non. « Seulement lorsque ça doit l'être ! »

Jessica ne comprit rien à ce que venait de dire Casey. Elle s'apprêtait à prendre de nouveau son téléphone, puis elle se « rappela ». Elle ne voulut pas paraître stupide, alors elle fit semblant qu'elle voulait prendre le menu qu'elle retourna une fois de plus. Les trois questions y étaient toujours.

« Je vois que vous avez découvert les questions, dit Casey.

– Je les ai vues il y a quelques minutes.

Chapitre 11

– Et alors ? »

Jessica ne savait trop quoi répondre.

« Euh... c'est intéressant. »

Elle espérait que la conversation s'arrête là. Soudainement, elle se sentit très intimidée. Comme si elle n'était pas à sa place. Pendant un instant, elle pensa à inventer une excuse et à partir.

Casey lui sourit. « Ça va. La plupart des gens ne savent pas trop quoi penser de ces questions la première fois qu'ils les lisent. »

Le sentiment de panique de Jessica commença à s'estomper. Casey semblait si calme, tellement en harmonie avec cet endroit. C'était déconcertant et réconfortant à la fois.

« Que veulent dire les questions ? demanda Jessica.

– Eh bien, comme je vous le mentionnais un peu plus tôt, parfois, vous vous rendez à un endroit pour prendre un café, et vous obtenez un café. Parfois, vous obtenez beaucoup plus. Si je me fie à ces questions, je dirais que vous êtes ici pour obtenir beaucoup plus qu'un café. »

Jessica fixa Casey. Sa présence était peut-être apaisante, mais cette serveuse la confondait énormément.

« Est-ce que les gens reçoivent tous le même menu ?

– Oui, oui, répondit Casey, mais les menus n'ont pas toujours les mêmes questions ! »

Au même instant, le son d'une clochette retentit. Jessica et Casey regardèrent vers la cuisine. La commande de Jessica était prête.

« Ce fut rapide ! s'exclama Casey. Je vais aller voir ce que John vous a préparé. »

Elle quitta Jessica et se dirigea vers la cuisine.

Jessica soupira. La conversation avec Casey lui avait paru bizarre. Elle se sentait elle-même bizarre... comme si elle était au beau milieu d'une pièce de théâtre et qu'elle ignorait quelle devait être la prochaine réplique. Elle regarda le menu :

- *Pourquoi êtes-vous ici ?*
- *Jouez-vous dans votre terrain de jeu ?*
- *Avez-vous un HPM ?*

12

Casey s'avança jusqu'à l'ouverture du comptoir donnant sur la cuisine. Une assiette remplie de fruits reposait sur le comptoir : de la papaye fraîche, des tranches de lime, de la noix de coco émiettée et des feuilles de menthe sur le dessus.

« Oh, voilà du pain doré à l'allure plutôt intéressante, dit-elle en souriant.

– C'est une petite entrée au déjeuner. Courtoisie du chef ! expliquai-je.

– Comment savez-vous qu'elle aime la papaye ?

– (Je souris.) L'intuition ! J'avais le choix entre une douzaine de produits dans le frigo, mais quelque chose me disait d'y aller avec la papaye.

– D'accord. »

Casey prit l'assiette et l'apporta à Jessica.

« Et voici votre pain doré », dit-elle en déposant l'assiette devant Jessica.

Jessica regarda la papaye. Elle ne savait pas quoi dire.

« Je vous taquine, précisa Casey en riant. C'est un petit-déjeuner en entrée avant votre petit-déjeuner ! Courtoisie de John ! »

Jessica se tourna vers la cuisine. Je l'aperçus regardant dans ma direction et je la saluai de la main. Elle me salua à son tour. Elle m'apparut quelque peu mal à l'aise. Ça m'a fait rire. À ma première visite au café, j'étais celui un peu mal à l'aise de saluer de la main quelqu'un à la cuisine.

« Dites-moi si c'est bon, ajouta Casey. Je suis affamée et je vais lui demander de me préparer la même assiette, si vous me la recommandez. »

Jessica pressa les tranches de lime au-dessus de la papaye. Elle prit un morceau de papaye avec un peu de feuilles de menthe. Son visage s'anima tandis qu'elle mâchait sa bouchée.

« C'est bon, dit-elle après avoir avalé sa bouchée. Très bon. »

Elle regarda son assiette et avant qu'elle se convainque elle-même de ne pas le faire, elle proposa à Casey de se joindre à elle.

« Je n'arriverai jamais à manger tout cela, en plus du pain doré. » Elle jeta un coup d'œil autour d'elle. « Je sais que ça peut paraître étrange, mais à moins que vous n'ayez d'autres clients à vous occuper, pourquoi ne partageriez-vous pas cette assiette avec moi ? »

Casey lui sourit. « Êtes-vous certaine ? »

Jessica n'était pas certaine de sa proposition, mais elle fit tout de même signe que oui.

Casey prit une assiette et une fourchette dans le comptoir derrière elle et se glissa sur la banquette devant Jessica. Cette dernière nota que l'assiette et la fourchette semblaient avoir été déjà déposées là pour Casey, comme si elle savait à l'avance que quelqu'un l'inviterait.

Impossible, pensa Jessica.

« Quoi donc ? » demanda Casey, toujours avec le sourire.

Pour un instant, Jessica ne savait pas si elle avait prononcé le mot *impossible* à voix haute ou si elle l'avait pensé en elle-même. Elle n'était sûre de rien, mais...

« Wow ! Vous avez raison. C'est délicieux », avoua Casey.

Jessica redirigea son attention vers Casey qui venait juste de prendre une bouchée.

« N'est-ce pas ? » répliqua Jessica.

Elles prirent chacune une autre bouchée et Casey tapota le menu.

« Vous sembliez très attirée par ces questions, il y a quelques instants, avant que je ne vienne à votre table.

– Disons que ce n'est pas exactement le genre de trucs que l'on retrouve habituellement sur les menus, répondit Jessica. Je ne suis même pas certaine d'en saisir le sens. »

Casey approuva. « C'est vrai, ce ne sont pas des questions qui nous sont souvent posées. »

Elle prit un autre petit morceau de fruit. « Ce sont des questions importantes, toutefois. »

Jessica relut les questions. Elle sentit soudainement l'urgence d'ouvrir son cœur et de tout raconter à la serveuse. Sa tristesse, ses frustrations, son sentiment de vivre une vie qui n'est pas la sienne... Mais non, cela aurait été ridicule. Elle ne connaissait même pas cette femme. De plus, les gens ne désirent pas connaître les tourments des autres. Il vous faut tout garder pour vous-même et vous forcer à aller de l'avant.

Mais, cette sensation n'allait pas disparaître. C'était une douleur qui semblait surgir de nulle part et qui se propagea à son corps tout entier.

« Qu'est-ce que je fais ici ? » demanda-t-elle doucement.

Casey releva la tête. Son regard fixa celui de Jessica. « C'est une bonne question, c'est un bon début », répondit-elle, calmement.

Jessica regarda de nouveau autour d'elle.

« Où suis-je ? Quel est cet endroit ? »

Casey parut amusée. « Vous êtes dans un endroit inhabituel rempli d'occasions inhabituelles. »

Jessica la regarda, confuse.

« Je ne sais pas ce que cela signifie. Ça semble mystérieux.

– Ça l'est. »

De nouveau, Jessica ressentit l'urgence d'ouvrir son cœur. Une douleur, un besoin venant du plus profond de son âme. Sans savoir pourquoi, elle commença à pleurer. Elle baissa les yeux. Après quelques minutes de silence, elle leva les yeux vers Casey.

« Je suis perdue, dit-elle d'une voix calme, tandis que les larmes roulaient sur ses joues. Je suis vraiment perdue. »

Casey fit un geste affirmatif de la tête. « Je sais. »

Jessica essuya ses larmes, mais d'autres les remplacèrent.

« Que voulez-vous dire ?

– C'est ici l'endroit où les gens perdus se retrouvent. »

13

J'ai regardé vers la table où se trouvaient Casey et Jessica. Jessica semblait sangloter. Elle m'apparaissait confuse et incertaine.

Bienvenue au Why Café, me suis-je dit.

Je percevais que Jessica pouvait tout aussi bien choisir de partir, que ça pourrait être trop pour elle.

« Restez un peu, ai-je murmuré, ça ira de mieux en mieux, je vous le promets. »

Je pouvais entendre le pétillement des tranches de pain doré sur la plaque chauffante. Il était temps de les retourner.

J'ai regagné mes fourneaux et je me suis occupé du pain doré. Des souvenirs de ma première expérience au Why Café me revenaient. Je me souvenais d'avoir moi aussi songé à quitter ce lieu. Mais je ne l'avais pas fait. Bien sûr, l'endroit m'était apparu étrange. Et les questions sur le menu m'avaient renversé. Mais quelque chose de très juste semblait en émaner. Alors, j'étais resté. Ce fut une bonne décision. Une décision qui avait changé ma vie. En quelque sorte, je savais que ce serait pareil pour Jessica si elle choisissait de rester.

Je me suis retourné pour jeter un coup d'œil vers la table et j'ai remarqué que Casey regardait dans ma direction. Elle dodelinait de la tête et souriait. C'est comme si elle percevait mes pensées. Je lui souris à mon tour et je retournai à mes fourneaux de nouveau.

Bienvenue au Why Café, me suis-je répété.

Jessica épongeait ses larmes avec la serviette de table. Ses pleurs avaient cessé. Casey la regardait.

« Les larmes sont de puissants signaux. Elles indiquent que quelque chose a une importance pour vous. Parfois, c'est la seule façon pour votre cœur de communiquer avec tout le reste de votre être et lui dire qu'il sait quelque chose. »

Jessica balança la tête. Elle n'était pas certaine de comprendre vraiment ce que Casey lui disait, mais ça semblait juste.

« Je pense que votre cœur vous dit de rester ici encore un peu. »

Jessica approuva. « Je le pense aussi », dit-elle paisiblement.

Chapitre 13

Le menu était toujours sur la table, et les trois questions étaient lisibles. Casey pointa la première. Jessica la lut.

« "Pourquoi êtes-vous ici ?"

– Que vous dit votre cœur, en ce moment ? » demanda doucement Casey.

Jessica leva les yeux vers Casey.

« Mon cœur se sent vide, et il n'en peut plus de ressentir ce vide. Il me dit que la vie est autre chose qu'un cœur vide. »

Casey lui sourit. « Voilà une grande sagesse. » Elle fit une légère pause, puis reprit. « Quelques secondes auparavant, vous vous êtes posé la même question presque identique à celle du menu. Vous vous êtes demandé : "Qu'est-ce que je fais ici ?" Que voulez-vous dire ? »

Jessica secoua la tête. « Je ne sais pas vraiment. C'est venu comme ça. » Elle hésita. « La vie n'est-elle pas censée être plus que cela ? Ne devrait-elle pas être amusante... ou intéressante... excitante ? J'ai déployé tellement d'efforts dans tant de domaines de ma vie, et voilà que maintenant, je suis assise dans un café au milieu de nulle part, je pleure et je me confie à une étrangère. Et le sentiment qui m'habite est que, sans savoir comment, j'ai manqué quelque chose... »

Elle détourna le regard.

« ... Car je n'ai aucun plaisir, rien ne me semble intéressant et la vie ne m'apparaît pas du tout palpitante.

– Aimez-vous l'océan ? » demanda Casey.

Jessica la regarda.

« Avant, oui. C'est l'une des raisons qui m'ont amenée à Hawaï. Je voulais être entourée par l'océan pour en faire l'expérience au quotidien.

– Et puis ?

– Je ne le remarque même plus, maintenant. »

Casey lui sourit. « Suivez-moi. »

Elle se leva, attrapa un plateau au passage, y déposa les assiettes, les ustensiles, les verres et les plats de fruits.

« Venez », dit-elle en désignant de la tête une porte tout au fond du café.

14

Le panorama était à couper le souffle et Jessica en resta bouche bée. Elle travaillait dans un immeuble de bureaux très huppé avec vue sur la cité hawaïenne. C'était charmant, mais rien de comparable avec le paysage qu'elle contemplait à ce moment. La perfection ! L'essentiel de ce que les cartes postales essaient de transmettre et que les aventuriers recherchent.

Jessica et Casey venaient tout juste de sortir du café par une simple petite porte à l'arrière du bâtiment. « Toutes les portes mènent quelque part, dit Casey. Et vous le découvrez seulement lorsque vous les avez franchies. »

Cette porte, en tout cas, menait assurément quelque part.

Dès qu'elles l'avaient franchie, les deux femmes s'étaient retrouvées sur la plus merveilleuse plage que Jessica avait pu contempler. L'eau était d'un turquoise majestueux. Les vagues se formaient et s'élevaient avant de se briser sur la plage, et tout au long du processus, la lumière du soleil brillait sur chacune d'elles. Le sable était magnifique, scintillant d'un jaune presque blanc. Jessica se pencha et y plongea la main. Le sable était pur. Elle laissa glisser entre ses doigts les minuscules grains si doux au toucher.

Elle leva les yeux. C'était ce qu'elle avait imaginé lorsqu'elle avait décidé de venir s'établir à Hawaï. Des palmiers géants se balançaient dans la brise. Elle pouvait sentir le parfum si particulier de l'océan.

« Où sommes-nous ? demanda-t-elle, surprise.

– Au paradis, répondit Casey. Et tout juste derrière, le Why Café. Voici notre terrasse avec vue sur la mer ! »

Jessica se retourna. Elle vit le mur arrière du bâtiment, la porte qu'elles avaient franchie, Casey et elle, et puis le sable.

Elle regarda de nouveau l'océan et ensuite Casey. « Je ne comprends pas », dit-elle, confuse.

Casey lui fit signe de se retourner de nouveau vers le café. Cette fois, des tables et des chaises en bambou attendaient les clients sur une terrasse couverte d'un toit de paille, comme si c'était une extension du café.

« Comment... ? balbutia Jessica.

– Oh, j'allais oublier, nous devons dire à John que nous sommes à l'extérieur », dit Casey le plus normalement du monde en souriant.

Casey s'avança jusqu'au mur arrière du café. Elle manipula un loquet – Jessica était certaine qu'il n'y en avait aucun quelques instants auparavant – et en une seconde, un panneau se rabaissa et se replia, laissant ainsi apparaître un comptoir de commande similaire à celui à l'intérieur du café. Mais, au lieu de permettre de voir la salle à manger à partir de la cuisine, ce comptoir-ci donnait directement sur le magnifique paysage de la mer et de la plage.

« Est-ce que j'ai manqué quelque chose ? ai-je demandé, surpris, en constatant qu'un panneau complet de la cuisine s'était ouvert.

– Plus maintenant ! » répondit Casey, amusée.

J'ai regardé vers la plage et l'océan.

« Wow ! Quelle vue ! m'exclamai-je.

– J'ai pensé que ça vous plairait. Que diriez-vous de servir Jessica à l'extérieur plutôt que dans la salle à manger ? Je crois que l'énergie de l'extérieur lui fera un grand bien.

– Parfait pour moi ! Sa commande est presque prête. »

J'ai jeté un coup d'œil vers la mer encore une fois. La vue était spectaculaire. L'océan, les palmiers, le sable... Au loin, je pouvais voir deux personnes se bercer sur les vagues, assises sur des planches de surf.

Je les ai observées et, pendant un instant, j'aurais juré que l'une d'elles m'avait salué de la main. Je me suis protégé les yeux du soleil pour mieux voir, mais les deux surfeurs étaient maintenant debout sur leur planche et s'activaient à travers les vagues.

J'ai mal vu, sans doute, me suis-je dit.

15

Casey prit l'assiette de pain doré sur le comptoir où je l'avais déposée. Elle l'apporta jusqu'à la table où Jessica s'était installée. Il n'y avait pas vraiment de mauvaises places sur cette terrasse près de la mer. Pourtant, Jessica avait choisi une table qui n'offrait pas la plus belle vue.

« Si vous le désirez, vous pouvez choisir l'une d'elles », suggéra Casey en désignant deux tables visiblement mieux situées.

Jessica jeta un coup d'œil aux tables proposées par Casey. Elle hésita puis se ravisa après un moment.

« Non, cette table me convient, elle est bien.

– Vous en êtes sûre ? » insista Casey.

Jessica hésita de nouveau en regardant une seconde fois les deux autres tables.

« Non, vraiment, celle-ci est bien. Je suis bien.

– C'est correct de vouloir plus que ce qui est bien »,
précisa Casey.

De nouveau, Jessica hésita. Un dialogue intérieur se
déroulait dans sa tête.

Toujours debout près de la table, Casey attendait patiemment. Après quelques secondes, elle fit une proposition à sa
cliente. « Essayons l'une d'elles quelques minutes pour voir
si vous l'appréciez plus que celle-ci. Vous pourrez toujours y
revenir si ça ne vous convient pas. »

C'était la petite incitation dont Jessica avait besoin. Elle
se leva et se rendit à l'une des deux tables proposées par
Casey qui la suivit, toujours avec l'assiette dans les mains.

Jessica s'assit.

« Et puis ? » demanda Casey.

Jessica ne put réprimer un sourire. C'était le premier
sourire joyeux de Jessica dont Casey avait été témoin depuis
l'arrivée de la femme au café.

« C'est mieux, dit Jessica. Merci. »

Casey déposa l'assiette sur la table. Jessica ne put
s'empêcher de réfléchir à voix haute.

« Je ne sais pas pourquoi je fais cela.

– Que voulez-vous dire ?

– J'accepte que les choses soient juste bien. J'avais
remarqué cette table et je voulais vraiment m'y asseoir. J'ai
juste... »

Jessica fit une pause.

« Parfois, ça n'a pas vraiment d'importance, expliqua Casey. Ce que nous avons nous satisfait. D'autres fois, cependant, nous glissons dans une attitude qui nous fait accepter moins que ce que nous désirons réellement. Les gens qui sont passés ici, au café, ont découvert que si l'on entretient cette attitude, on finit par ne pas être très heureux.

– On finit par être juste bien, ajouta Jessica.

– Exactement. »

Casey déposa l'assiette, un verre et un petit pot sur la table.

« Et voilà ! Pain doré aux ananas, la spécialité de la maison ! Et voici un sirop de noix de coco fait maison si vous êtes tentée d'essayer quelque chose de différent. »

Jessica approuva d'un signe de la tête. « Et enfin, un jus d'ananas frais. »

Une petite ombrelle de papier et de bois trônait sur le dessus du verre de jus. Jessica le prit et sourit. Un morceau d'ananas était piqué au bout de l'ombrelle et elle le mangea. Amusée, elle ouvrit et ferma à plusieurs reprises l'ombrelle.

« J'aimais ce genre de trucs lorsque j'étais une petite fille, dit-elle pensivement. Ma mère en avait cinq et chaque matin, elle en plaçait un dans mon verre de jus. »

Jessica soupira. « Elle avait sans doute dû les laver des centaines de fois, mais elles avaient toujours résisté. Je ne sais même pas où elle avait bien pu se les procurer. Notre quartier était si défavorisé et pauvre... Mes frères s'en foutaient bien, mais moi, j'adorais ces ombrelles. Elles étaient si petites, et pourtant... » Elle fit une pause puis reprit : « ... d'une certaine façon, elles me donnaient une raison d'aller de l'avant chaque jour. »

Elle ouvrit et referma de nouveau l'ombrelle et la déposa sur la table, loin d'elle. « C'était il y a longtemps de cela », dit-elle. L'émotion ne se ressentait plus dans sa voix, et son sourire s'était lui aussi dissipé.

Casey lui témoigna sa compréhension. « C'est bien d'avoir une chose à laquelle s'accrocher chaque jour. Je comprends pourquoi l'ombrelle signifie autant pour vous. »

Casey s'assit en face de Jessica.

« Puis-je vous demander quelque chose ?

– Bien sûr, répondit Jessica en la regardant.

– Aimez-vous aider les gens ?

– Que voulez-vous dire ?

– Aimez-vous aider les gens ? Faire des trucs pour les autres ? Les aider ? »

Jessica fit un signe de tête affirmatif.

« Oui.

– N'est-ce pas plus facile pour vous d'aider les gens que de les laisser vous aider ? »

Jessica pencha légèrement la tête en souriant. « Oui. »

Casey marqua une pause, tout en dodelinant de la tête. « Pourquoi êtes-vous si égoïste ? »

Immédiatement, la posture de Jessica se modifia. Elle se cala dans sa chaise, se distançant de Casey.

« Que voulez-vous dire ? Je ne suis pas égoïste ! » se défendit Jessica sur un ton irrité.

Casey la regarda, toujours en souriant doucement. « Pourquoi aimez-vous aider les autres ? »

Jessica hésita. Sa voix trahissait toujours son irritation.

« Parce qu'ils aiment recevoir de l'aide.. ? Ça, Ça... » Elle balbutia. « Ça les aide ! »

– Je suis certaine que ça les aide. »

Jessica promena son regard au loin, puis fixa Casey. Sa voix s'était adoucie. « Ça me fait me sentir bien. »

Casey lui lança un regard interrogateur.

« Ça me fait me sentir bien, dit Jessica de nouveau. Lorsque j'aide les gens, ça me fait me sentir bien. C'est la raison pour laquelle j'aime le faire. »

Casey approuva et précisa. « Je crois que c'est la même chose pour toutes les personnes qui aiment aider les autres. »

Casey n'ajouta rien d'autre.

Jessica observait l'océan. Son visage s'était détendu. « Je suis égoïste, n'est-ce pas ? Je prive les autres de ce que j'aime précisément recevoir : la chance de se sentir bien. »

Elle tourna son regard vers Casey. « Toute ma vie, j'ai agi de cette façon. Je ne veux jamais m'imposer aux autres. Je ne veux jamais les importuner. Alors, je fuis lorsque les gens m'offrent de m'aider. » Elle baissa les yeux. « Je n'avais jamais réalisé que je les privais de quelque chose. »

Casey fit signe qu'elle comprenait bien ce que Jessica réalisait. « C'est souvent ceux qui donnent le plus qui ont le plus de difficulté à recevoir..., dit-elle, jusqu'à ce qu'ils fassent la même prise de conscience que vous venez de faire. »

Jessica fixa Casey.

« Pourquoi partagez-vous tout cela avec moi ?

– J'ai l'impression que ça vous sera utile avant la fin de la journée. »

16

Une douce brise pénétrait dans la cuisine par l'ouverture donnant sur la plage. J'ai pris une longue bouffée d'air salin et j'ai observé les vagues.

J'adore Hawaï! ai-je pensé.

Casey et Jessica discutaient toujours, assises à leur table. Personne d'autre n'était entré au café, j'avais donc un moment libre pour déguster quelques bouchées de pain doré. Je regardai de nouveau l'océan. *Les surfeurs sont partis*, me suis-je dit. Je scrutai entre les vagues, mais je ne les voyais plus. Les vagues semblaient parfaites pour surfer et je me suis demandé si j'allais pouvoir louer une planche quelque part.

« Vous pouvez emprunter la mienne », dit une voix.

J'ai regardé par la fenêtre en direction du son de la voix, même si je savais déjà de qui il s'agissait.

« Mike ! » m'exclamai-je en souriant. Le fait qu'il avait lu dans mes pensées ne m'avait pas interpellé. J'étais si heureux de le revoir. Je ne l'avais pas revu depuis ma première visite au café.

Une fillette se tenait près de Mike. « Êtes-vous John ? » demanda-t-elle.

Je me suis penché sur le comptoir pour mieux la voir. « Oui, c'est moi. Comment le savais-tu ?

– Mon père m'a dit que vous seriez ici aujourd'hui. »

Je ne savais même pas moi-même que je me retrouverais ici aujourd'hui, ai-je pensé. *Comment a-t-elle pu... ?*

« Je m'appelle Emma », se présenta la fillette.

Je sortis de mes pensées. « Heureux de te rencontrer, Emma. »

Elle prit le bras de Mike. « Est-ce que je peux aller dire bonjour à Casey ? »

Mike lui fit signe que oui et la fillette courut vers Casey et Jessica. Mike la regarda s'éloigner puis se tourna vers moi, tout sourire.

« C'est bon de vous revoir, John, dit-il en me tendant la main par-dessus le comptoir.

– C'est bon d'être de retour, dis-je en lui serrant la main. (J'ai fait un signe de tête vers l'océan.) Vous avez déménagé !

– Ça ressemble à ça, dit-il en souriant. Nous avons été inspirés par ce client qui nous avait parlé de franchisage. Et avant de vous en rendre compte... »

Chapitre 16

Tout comme Casey plus tôt dans la journée, Mike faisait référence à un commentaire que j'avais émis la première fois où je les avais rencontrés, lui et Casey. J'ai éclaté de rire.

« Je me demande bien qui était ce type ?

– Un bon gars, répliqua Mike, un très bon gars qui était sur le point de commencer une grande aventure. »

Un éclat de rire nous parvint de la table où Casey et Jessica étaient assises. Mike et moi avons regardé dans leur direction et avons vu Emma qui faisait des pitreries. Elle semblait imiter un animal marin. Elle ouvrait les yeux aussi grands que possible et sautillait tout autour de la table.

« On dirait que je ne suis pas le seul à avoir entrepris une grande aventure depuis la dernière fois où l'on s'est vus », dis-je.

Mike se tourna vers moi. « C'est la meilleure chose que j'ai faite de ma vie. Oh, je ne vous le cache pas, être parent n'est assurément pas pour tout le monde. Mais, en ce qui me concerne, ce fut extraordinaire.

– Quel âge a-t-elle ?

– Elle vient d'avoir sept ans.

– Elle semble avoir une bonne dose de confiance en elle-même pour une enfant de cet âge. Bien qu'en considérant les gens qu'elle côtoie, est-ce vraiment surprenant ?

– Elle est une étonnante petite fille. Vraiment étonnante.

– C'était bien vous deux que je voyais tout à l'heure sur les planches de surf ?

– Oui. Et après une matinée entière à surfer, nous sommes plus que prêts pour un bon repas. Qu'y a-t-il au menu aujourd'hui ? »

J'ai souri. « La dernière fois où je suis venu ici, vous étiez le chef du Why Café. Ce n'est plus le cas désormais ? »

Il sourit à son tour.

« Eh bien, si vous êtes d'accord, vous avez le poste aujourd'hui. Il est temps de passer à une autre étape. »

Je ne savais pas trop quoi dire. Je ne connaissais pas vraiment l'art de cuisiner, ça, c'était certain. Mais je m'y sentais bien. Tout ce qui se déroulait me semblait bien.

« D'accord, pourvu que je puisse compter sur vos conseils au besoin.

– Affaire conclue ! »

J'ai pris deux menus qui traînaient sur un comptoir derrière moi. « Je suis certain que vous le connaissez par cœur, mais sentez-vous à l'aise d'y jeter un coup d'œil et de me faire savoir ce que vous désirez manger. »

Il prit les menus et les retourna.

« Et à propos de ça ? demanda-t-il en pointant les trois questions.

– Ce sont les bases d'une conversation qui changera votre vie », lui dis-je, amusé.

17

Casey et Jessica regardèrent Emma courir vers Mike. Emma leur avait relaté les événements de la matinée : la raie tachetée qui avait émergé tandis qu'ils surfaient et le dauphin qui les avait accompagnés entre les vagues.

« Elle est si pleine de vie, remarqua Jessica.

– En effet, approuva Casey.

– Est-elle toujours comme ça ?

– La plupart du temps. Mike fait du bon boulot auprès d'elle. Il lui permet de jouer dans son propre terrain de jeu.

– Est-ce que Mike est son père ?

– Oui, c'est lui, là-bas, dit Casey en désignant Mike au loin.

– Est-ce qu'ils mangent souvent ici ? »

Casey ne put s'empêcher de rire.

« Plutôt, oui... Mike est le propriétaire du café.

– Oh! »

Jessica observa Mike et sa fille quelques instants puis se tourna vers Casey. « Désolée, dit-elle en secouant la tête. J'ai entendu votre réponse quelques instants auparavant, mais j'étais distraite. Qu'avez-vous dit lorsque je vous ai demandé si Emma était toujours aussi débordante d'énergie ?

– J'ai dit que Mike faisait du bon boulot auprès d'elle en la laissant jouer dans son propre terrain de jeu. »

Casey baissa les yeux sur le menu resté sur la table. Jessica suivit son regard et aperçut les trois questions lues auparavant :

- *Pourquoi êtes-vous ici ?*
- *Jouez-vous dans votre terrain de jeu ?*
- *Avez-vous un HPM ?*

Jessica regarda le menu puis leva les yeux vers Casey.

« D'accord, dit-elle, vous avez piqué ma curiosité. Qu'est-ce que le truc au sujet du terrain de jeu ?

– Est-ce que vous jouiez lorsque vous étiez enfant ? lui demanda Casey.

– Hum... Ça fait longtemps, tout cela. Je dois y penser. Je veux dire... »

Casey s'approcha et fixa Jessica. Ce geste interrompit les réflexions de la femme.

« Vous vous souvenez de notre conversation au sujet des gens qui ont plus de facilité à aider les autres qu'à recevoir de l'aide ? L'une des façons d'identifier ces personnes est qu'elles hésitent à parler d'elles-mêmes. »

Casey laissa le temps à Jessica d'assimiler ce qu'elle venait de lui dire.

« Je pose la question parce que je veux vraiment savoir.

– J'ai compris. »

Casey sourit. « Bon, alors, est-ce que vous jouiez lorsque vous étiez enfant ? »

Jessica secoua la tête. « Pas beaucoup. » Elle fit une pause. « J'ai eu une enfance plutôt difficile. »

Casey attendit la suite, mais Jessica ne donna pas plus d'explication.

« Vous souvenez-vous d'une chose que vous aimiez faire alors ? »

Jessica promena son regard au loin. Elle semblait fouiller dans ses vieux souvenirs.

« Lorsque j'étais petite, j'avais l'habitude de jouer sur les balançoires, dit-elle finalement en regardant Casey. Il y avait un parc public au bout de la rue où nous habitions. Quand les choses s'envenimaient à la maison, je courais jusqu'au parc et je m'amusais sur les balançoires. Parfois, pendant des heures. On me retrouvait toujours là.

– Pourquoi ?

– Je ne sais pas. Je crois que c'était mon refuge. Il y avait deux balançoires attachées à un arbre géant. Comme pratiquement personne ne fréquentait le parc, la plupart du temps, j'avais les balançoires pour moi toute seule. L'arbre était immense et il me couvrait de son ombre. Je me balançais aussi haut que je le pouvais, jusqu'à sentir le vide sous moi... vous savez, ce moment où vous vous retrouvez au bout du mouvement de balancier. » Jessica s'interrompit un instant. « J'avais l'habitude de souhaiter retenir cet instant, d'arrêter le mouvement et de juste flotter. Je prétendais être un petit nuage qui venait de naître. Et que si je pouvais apprendre à flotter librement pendant quelques secondes de plus, je pourrais m'évader dans le ciel et laisser tout le reste derrière moi. Pour toujours. »

Une larme apparut dans le coin de l'œil de Jessica. Elle l'essuya rapidement.

« Mais on ne peut pas faire cela. Peu importe si j'essayais, peu importe la hauteur que j'atteignais sur la balançoire, je descendais toujours. Je devais toujours revenir à la maison.

– Mais plus maintenant.

– Non, plus maintenant. Je suis partie à dix-sept ans et je n'y suis jamais retournée.

– Et vous faites l'impossible pour vous en sortir depuis. »

Le regard de Jessica se perdit au loin, vers l'océan : « Depuis... »

18

« **A**llo, Coconut ! »

Mike souleva Emma et l'assit sur un tabouret près du comptoir extérieur.

« C'est le surnom que mon père me donne, m'expliqua Emma. Il dit que lorsque j'étais toute petite, j'étais de la grosseur d'une noix de coco ! »

Ça m'a fait rire.

« As-tu dit bonjour à Casey ? lui demanda Mike.

– Oui, et à Jessica aussi. C'est son amie. Je leur ai parlé de la raie et du dauphin que nous avons vus ce matin.

– Oh, c'est bien... John est notre chef invité de la journée. Que dirais-tu d'un bon petit-déjeuner ?

– D'accord.

– Qu'aimerais-tu avoir ? »

J'espérais qu'elle dise du pain doré aux ananas.

« Hum... Pourquoi pas une omelette et des crêpes aux fruits. »

Mike approuva. « Ça semble un bon choix. Pourquoi ne le dis-tu pas au chef ? »

Emma se tourna vers moi sur son tabouret. « Est-ce que je peux vous aider à les faire ? »

J'ai regardé Mike.

« Ça me va, si ça vous convient, bien sûr », m'assura-t-il.

J'ai regardé Emma. « C'est une bonne idée. Rejoins-moi à l'intérieur et nous préparerons tout cela ensemble. »

Emma sauta de son tabouret et fonça vers la porte. « Et pour vous, Mike ? »

Il sourit. « Pourquoi pas du pain doré aux ananas ! Et si vous n'y voyez pas d'inconvénient, je vais nettoyer les planches de surf pendant que vous et Emma vous occupez de la cuisine.

– Pas de problème. Nous vous appellerons lorsque ce sera prêt. »

J'ai commencé à rassembler quelques éléments dans la cuisine. Sans tarder, la porte s'ouvrit et Emma me rejoignit. J'ai remarqué tout de suite la façon dont elle marchait. Elle se déplaçait avec une légèreté et une énergie que je n'avais pas souvent notées chez les adultes. Comme si elle marchait, dansait et sautillait tout à la fois. Comme s'il lui tardait d'arriver là où elle voulait aller.

« Par où devrions-nous commencer ? lui demandai-je.

– Je vais rassembler les ingrédients, dit-elle. Je n'aime pas trancher les aliments. Pouvez-vous vous en occuper ?

– Certainement ! Alors je coupe et tu remues !

– D'accord. »

Nous avons placé tous les ingrédients sur le comptoir et avons commencé la préparation de l'omelette, des crêpes et du pain doré pour Mike.

« Mon père dit que vous vivez une aventure. Est-ce vrai ?

– En quelque sorte.

– Quel genre d'aventure ?

– Eh bien, la dernière fois que j'ai vu ton père, j'étais plutôt confus à propos de ce que je voulais faire de ma vie.

– Étiez-vous triste ?

– Non, pas vraiment. Je sentais plutôt que ma vie passait sans que j'aie fait quelque chose d'amusant ou d'intéressant comme je l'avais toujours souhaité.

– Alors, vous êtes parti à l'aventure ?

– J'ai commencé par réfléchir au genre d'aventure que je voulais vivre. Lorsque ce fut clair dans mon esprit, j'ai épargné de l'argent pendant deux ans, et je suis parti.

– Où êtes-vous allé ?

– Tout autour du monde. »

Emma jeta un regard d'étonnement. « Vous avez vu le monde entier ? »

Sa réaction m'a fait sourire.

« Disons que j'ai voyagé autour du monde. Je n'ai pas tout vu, pas en un seul voyage. Mais j'ai tout de même visité plusieurs endroits.

– Avez-vous fait d'autres voyages ? »

De nouveau, elle m'a fait sourire. Elle avait une telle énergie. « Oui. En fait, j'arrive justement d'un voyage. J'ai visité l'Afrique, l'Amérique centrale et l'Asie du Sud-Est.

– Est-ce que vous travaillez ? »

Cette fois, j'éclatai de rire.

« Parfois. Après mon premier voyage, j'ai constaté que j'aimais tellement voyager que je voulais partir plus souvent. Alors, depuis, je travaille durant un an, et je voyage l'année suivante. Je travaille une autre année, je voyage l'année qui suit.

– Vous devez être bon pour faire des économies. Mon père me donne une allocation chaque semaine. Parfois, je l'épargne pour pouvoir, plus tard, m'acheter ce que je veux vraiment. D'autres fois, je la dépense tout de suite.

– Alors, je crois que tu as déjà appris une grande leçon de la vie.

– Quelle leçon ? »

– Lorsque tu sais ce que tu veux, il est beaucoup plus facile d'épargner en vue de l'obtenir.

– C'est vrai. Il y avait cette planche de surf que je voulais vraiment, vraiment beaucoup. Mon père a fait un marché avec moi. Si j'épargnais l'équivalent de la moitié du prix de la planche, alors il fournirait l'autre moitié.

– Et as-tu obtenu ta planche ? »

Elle fit un signe de tête affirmatif avec beaucoup d'enthousiasme.

« C'est la bleue, celle que j'avais avec moi lorsque nous sommes revenus de l'océan.

– Est-ce que ce fut difficile d'épargner ta part ?

– Parfois. Il y avait d'autres trucs que je voulais aussi acheter, comme ces petits chevaux de plastique que j'aime beaucoup et d'autres jouets... Mais, je comparais toujours mon désir de les avoir à celui d'avoir ma planche, et je voulais encore plus avoir ma planche. De plus, un jour, la sœur de mon amie m'a laissé emprunter sa planche, une planche comme celle que je voulais. Après, ce fut encore plus facile d'économiser. Parce que, croyez-moi, une fois que vous avez essayé cette planche, vous savez que c'est ce que vous voulez le plus au monde. »

J'ai souri. Elle était si animée lorsqu'elle parlait, et tellement sincère.

« C'est un peu la même chose pour moi en ce qui concerne les voyages. Lorsque j'essayais de démêler ma vie, je suis parti au Costa Rica...

– Mon père adore le Costa Rica, interrompit Emma.

– Je m'en souviens, dis-je en souriant. Donc, le Costa Rica était l'une de mes premières destinations à l'extérieur de mon propre pays. Ce fut si merveilleux qu'à mon retour, il était plus facile d'économiser pour le voyage suivant.

– Un peu comme moi pour ma planche de surf. »

J'ai fait signe que oui. « Ça se ressemble beaucoup. »

J'ai déposé dans un bol les ingrédients que je venais de couper et je le passai à Emma.

« D'accord. Tu es la spécialiste pour mélanger. Tu es prête ?

– Prête à mélanger ! » Elle attrapa une cuillère et commença à mélanger vigoureusement. Il y avait des éclaboussures un peu partout.

« Peut-être devrions-nous garder le mélange dans le bol ? » dis-je, amusé.

Ma remarque la fit rire et elle diminua l'intensité de son mouvement. Au bout d'un moment, elle leva la cuillère.

« Prêt pour la cuisson ! » lança-t-elle.

19

Casey observa Jessica un bon moment. « Merci de m'avoir confié l'histoire concernant les balançoires. Peut-être est-il temps de revisiter votre terrain de jeu. »

Jessica fit signe que non. « Je ne veux pas retourner là-bas. Plus jamais. C'est terminé pour moi. »

Casey fit preuve de compréhension. « Je ne veux pas dire de retourner dans cet endroit ou vers ces gens. Peut-être est-il temps de revisiter votre terrain de jeu personnel. »

Jessica était intriguée.

« Que voulez-vous dire ?

– Un peu plus tôt, vous avez parlé de l'énergie d'Emma, comment elle semblait si pleine de vie. Nous avons tous cela en nous. Simplement, parfois, nous l'oublions. Nous avons fermé notre terrain de jeu. »

Casey voyait bien que Jessica ne comprenait pas ce qu'elle cherchait à lui expliquer.

« Considérez les choses de la façon suivante, continua-t-elle. Les enfants ont le sens inné de savoir ce qu'ils aiment et ce qu'ils n'aiment pas. Ils aiment peut-être les toboggans, mais ils n'aiment pas les aires d'escalade. Ou bien ils aiment les balançoires, mais n'aiment pas les barreaux suspendus... Ils le savent, tout simplement. Et dans leur univers, il est tout à fait sensé de faire ce que vous aimez et de ne pas faire ce que vous n'aimez pas.

– Si seulement ils connaissaient la vérité sur la façon dont les choses changent en grandissant, exprima Jessica.

– Justement, insista Casey. Peut-être savent-ils la vérité. Seulement, c'est nous qui changeons. »

Jessica leva les yeux. Un point sensible venait d'être touché. Elle étendit les bras de chaque côté de son corps et les secoua légèrement.

« Qu'est-ce qu'il y a ? demanda Casey.

– Oh, rien. Désolé, c'est juste que...

– Quoi ?

– Eh bien, lorsque vous avez dit que peut-être les enfants connaissaient la vérité, mais que c'était nous qui changions... J'ai soudainement eu des frissons... Ce n'est rien... Vraiment.

– Ou peut-être est-ce important, dit Casey, doucement. Peut-être vous parlez-vous à vous-même. Quelque chose en vous dit : "Hé, nous venons de réaliser quelque chose de très important." »

Jessica ne dit rien, mais Casey n'abandonna pas.

« Lorsque nous sommes des enfants, nous savons ce que nous aimons. Nous savons quelles parties du terrain de jeu nous procurent du plaisir. Et nous faisons de notre mieux pour y passer chaque jour le plus de temps possible.

– Qu'arrive-t-il ensuite ?

– Tout dépend de l'enfant. Certains gardent leur terrain de jeu ouvert. Ils changent peut-être le parcours en vieillissant, mais ils ne s'éloignent jamais de l'idée qu'ils peuvent passer leur vie à jouer.

– Et les autres ?

– La grande majorité des gens font partie de la catégorie des *autres*.

– Que leur arrive-t-il ?

– Chaque histoire est différente. Certains permettent aux autres de leur dire qu'ils ne peuvent plus jouer désormais. Ou qu'ils doivent grandir, mûrir. Leur univers se meuble de *je dois*, *il faut*, *je ne peux pas*, *je ne devrais pas*, *il faudrait* et d'un ensemble d'autres mots contraignants. Parfois, ils adoptent même ces mots comme étant les leurs.

– Et qu'advient-il de leur terrain de jeu ?

– Avec le temps, il devient de moins en moins utilisé. Les mauvaises herbes poussent, l'herbe devient haute. Les installations commencent à disparaître derrière la broussaille. Dans certains cas, des gens érigent des murs autour de leur terrain de jeu.

– Des murs ?

– Évidemment... *Je suis trop vieux, je ne suis pas assez bon, je ne suis pas assez intelligent, je n'ai pas le temps...* Ce sont tous des murs qui les empêchent d'aller à leur terrain de jeu. Il y a des douzaines d'autres murs comme ceux-là. Le temps passe, et même les murs prennent des proportions inimaginables. Les plantes poussent par-dessus, les vignes s'y agrippent et les envahissent. Ils deviennent si recouverts de verdure que même les gens les oublient, abandonnant leur terrain de jeu derrière. »

Casey observa Jessica, puis poursuivit. « Certaines personnes mettent un cadenas à leur terrain de jeu. »

Jessica détourna le regard.

Mais Casey poursuivit.

« Parfois, ces gens veulent s'enfuir aussi loin que possible de leur passé. Se rappeler qu'ils avaient un terrain de jeu et des rêves leur cause une souffrance pénible. Alors, non seulement construisent-ils des murs autour de leur terrain de jeu, mais un jour, ils se rendent jusqu'à la grille de leur terrain et y installent un énorme cadenas. "Plus jamais, se disent-ils. Plus jamais je ne croirai, plus jamais je ne me permettrai de jouer."

– Qu'arrive-t-il à ces gens ? demanda Jessica en murmurant et en retenant ses larmes.

– Dans certains cas, ils deviennent aigris. La colère, la déception, le combat de vouloir croire, mais sans se le permettre, les rongent. Ce sont des toxines qu'ils endurent chaque jour. Ils se coupent du monde parce qu'ils ne veulent pas être blessés encore plus. Mais à la longue, ils se blessent eux-mêmes. »

Jessica se mit à sangloter. Ses épaules sursautaient.

« Je ne sais plus quoi faire », dit-elle entre deux sanglots.

Tous les faux-semblants étaient tombés dorénavant. Les vêtements, le style, l'auto... Tous les ornements extérieurs qui recouvraient la souffrance intérieure devenaient inutiles.

« J'ai mis un cadenas à mon terrain de jeu il y a longtemps déjà. Et j'avais juré que je ne me laisserais plus être blessée de nouveau. Mais je suis épuisée de maintenir ces murs debout. Je suis fatiguée de m'enfuir sans cesse. Je veux juste être... »

Jessica hésita.

« Libre ? » proposa Casey gentiment.

Jessica fit signe que oui. « Libre, murmura-t-elle, mais je ne sais comment me libérer. »

Casey la regarda.

« La plupart des gens essaient de couvrir leur souffrance par des essais à court terme pour se sentir libérés. Ils boivent. Ils utilisent des drogues. Ils achètent des trucs pour lesquels ils n'ont pas d'intérêt. Ils créent des drames excessifs dans leur vie... Ils cherchent à se sentir vivants et libres, c'est pourquoi ils font toutes ces choses. Mais, comme ce sont des panacées temporaires, ils en ressentent encore plus de douleur.

– Je connais ça, avoua Jessica. Je l'ai vécu. Je le vis toujours.

– Alors, peut-être serez-vous l'une des personnes qui choisissent l'autre voie.

– Quelle est-elle ?

– Certaines personnes deviennent épuisées de tenir les murs debout. Elles n'en peuvent plus de ne pas être capables de voir leur terrain de jeu et elles ne peuvent plus supporter l'épuisement engendré par des tentatives futiles pour essayer de se sentir libres, mais qui finissent par ériger encore plus de murs. Alors, un jour, elles décident de faire le plus grand saut dans le vide qui puisse exister. Elles décident de reconstruire leur terrain de jeu.

– C'est possible ? »

Casey fit oui d'un mouvement de la tête.

« Oui, c'est toujours possible. Peu importe l'âge ou la situation de la personne. C'est toujours possible. »

Jessica resta silencieuse quelques instants. Puis, elle leva les yeux vers Casey.

« Comment puis-je commencer ?

– Lentement. Doucement. Ou comme un *bulldozer* gigantesque qui brise tout sur son passage. Chaque personne est différente. C'est selon votre choix. Ce qui ne diffère pas d'une personne à l'autre, c'est qu'un jour, vous déciderez de couper le cadenas sur la grille de votre terrain de jeu. C'est le premier pas... vous permettre d'y retourner.

» Alors, une à une, vous retirerez les vignes agrippées aux murs. Et vous verrez ces murs tels qu'ils sont vraiment.

Non pas des barrières protectrices pour vous protéger, mais bien de fausses réalités que vous avez vous-même construites et qui vous ont emprisonnée depuis. Souvent, à cet instant, lorsque vous vous autorisez à les voir comme ils sont vraiment, les murs disparaissent d'eux-mêmes.

– Ça semble difficile à imaginer, dit Jessica.

– Je sais, reprit Casey. Pourtant, c'est vrai. Et lorsque ces murs tombent, vous voyez les équipements qui se trouvaient avant dans votre terrain de jeu. Et ils vous inspirent à couper l'herbe haute et les broussailles.

» Vous recommencerez alors à voir ce qui vous rendait heureuse. Peut-être ne voudrez-vous pas tout conserver dans votre terrain de jeu, ou peut-être que oui, mais de manière différente. Et vous rebâtirez... une nouvelle place, un nouveau terrain de jeu.

– Une nouvelle vie », compléta Jessica.

Casey approuva.

« Mais comment êtes-vous aussi certaine que cela est possible ? » demanda Jessica.

Casey se leva et ramassa quelques effets sur la table. Elle regarda Jessica. « Parce que j'ai traversé toutes ces phases. Arriva un jour dans ma vie où je n'en pouvais plus de me cacher, de courir, de faire semblant... Et ce fut le jour où j'ai coupé le cadenas de mon propre terrain de jeu et où j'ai recommencé à construire. »

20

J e jetai un coup d'œil par la fenêtre. Casey venait tout juste de se lever de la table où elle et Jessica étaient assises. J'avais remarqué auparavant qu'elles étaient en profonde discussion.

Bienvenue au Why Café, ai-je pensé de nouveau.

« Les crêpes sont prêtes à être retournées, m'avertit Emma.

– Je m'en occupe. »

J'ai pris une spatule et j'ai retourné les crêpes.

« Presque prêtes ! Encore une minute à cuire de ce côté et ce sera le temps de manger pour ton père et toi.

– Et mon omelette ? »

Pour être honnête, j'avais espéré qu'Emma oublierait l'omelette. Je l'ai regardée.

« Je suis désolé, Emma. Je ne sais pas faire une omelette.

– Mais nous avons coupé tous les ingrédients déjà.

– Oui, je sais. Cette partie-là, je sais comment la faire, mais pas celle de l'omelette proprement dite.

– Ça va. »

J'ai poussé un discret soupir de soulagement. J'étais content qu'elle ne soit pas trop déçue.

« Vous avez juste besoin d'un *Qui*, dit-elle.

– Un quoi ? »

Elle ricana. « Pas un *Quoi*, un *Qui* ! »

J'ai fait glisser les crêpes dans une assiette et Emma déposa par-dessus les fruits déjà coupés.

« Quand on ne sait pas comment faire quelque chose, on n'a qu'à trouver quelqu'un qui sait comment. Et on lui demande de nous aider. Alors, il nous le montre et on le sait à notre tour. C'est super facile. C'est comme ça que j'ai appris presque tout ce que je sais. »

J'ai souri. *Voilà qu'une enfant de sept ans morcelle l'une des plus grandes barrières chez la plupart des gens en quelque chose de si simple qu'il ne faut que quelques secondes pour l'expliquer,* ai-je pensé.

« Qui t'a appris cela ?

– Mon père.

– Est-il un bon *Qui* ? »

Elle fit énergiquement signe que oui.

« Ouais. Il sait beaucoup de choses. C'est lui qui m'a appris à surfer.

– Vraiment ? Quelle est la chose la plus importante que tu aies apprise au sujet du surf ? »

Elle mit ses deux mains sur ses hanches. « Vous n'apprendrez jamais à surfer si vous n'allez jamais dans l'eau. »

Je me suis mis à rire. « Je suis certain que c'est vrai ! »

Mike entra en même temps.

« Et où en sont les petits-déjeuners ?

– John a besoin d'un *Qui*, papa. Peux-tu lui apprendre à faire une omelette ? »

J'ai souri.

« Emma m'a enseigné à trouver un *Qui* lorsque j'ignore comment !

– Oh, elle excelle dans cet art ! »

Mike prit une poêle. « D'accord... c'est super facile... »

Tandis que Mike m'initiait à la préparation et à la cuisson d'une omelette, Casey nous retrouva.

Elle tapota l'épaule de Mike.

« Ça sent bon ici.

– Nous avons fait des crêpes et du pain doré, et papa apprend à John comment faire une omelette », expliqua Emma.

Casey déposa dans l'évier les assiettes qu'elle avait ramassées.

« Comment va Jessica ? lui demandai-je.

– Je pense qu'elle pourrait profiter de quelques minutes en votre compagnie », répliqua Casey.

Je l'ai regardée par-dessus mon épaule.

« Vraiment ? Il me semblait que vous étiez au beau milieu d'une intense conversation, toutes les deux.

– C'est vrai. Mais je pense que maintenant, quelques instants avec vous lui seraient profitables. Je crois qu'elle a besoin d'entendre votre histoire.

– Allez-y, dit Mike. Je vais terminer cette omelette. Elle est presque prête de toute façon.

– D'accord. » J'étais tout de même un peu hésitant. Je n'étais pas certain si c'était une bonne idée. Plus tôt, j'avais suivi mon intuition et j'avais été directement lui parler. Mais là, à ce moment précis, je n'avais aucun éclair d'inspiration.

« Vous serez inspiré une fois près d'elle », dit Casey en me lançant une serviette.

J'essuyai mes mains et relançai la serviette à Casey.

« Emma, pouvons-nous terminer notre conversation un peu plus tard ? ai-je demandé à la fillette. J'aimerais entendre tout ce que tu as appris au sujet du surf ? »

Elle me regarda en tenant un bol de sirop au-dessus des crêpes. « Éruption volcanique de sirop ! » lança-t-elle en versant le sirop sur les crêpes.

J'ai souri. « Je prends ça pour un oui au sujet de la conversation sur le surf. »

Emma ricana. « D'accord. »

21

J'ai marché jusqu'à la table de Jessica. Elle fixait l'océan.

« Comment était le petit-déjeuner ? »

Elle avait pleuré et elle essuya ses yeux du revers de la main.

« Ce n'est pas tout à fait un café typique, n'est-ce pas ? »

Elle leva les yeux vers moi et me sourit en essuyant de nouveau ses larmes.

« Non, c'est le moins que l'on puisse dire.

– Vous allez bien ? »

Elle regarda de nouveau l'océan.

« Je crois que oui.

– Ça vous dérange si je m'assois un peu ?

– Allez-y, je vous en prie », dit-elle en m'indiquant le siège en face d'elle.

Je me suis assis.

« Quel est cet endroit, au juste ? me demanda-t-elle après un moment, tout en jetant un regard vers le café.

– C'est un étrange et inhabituel petit site qui changera probablement votre vie à jamais.

– Oh, ça explique tout alors », dit-elle avec ironie et dans un sourire mitigé.

Nous sommes restés silencieux tous les deux.

« Qui êtes-vous ? me demanda-t-elle au bout de quelques minutes.

– Que voulez-vous dire ?

– Qui êtes-vous ? Casey m'a dit que Mike était le pro-priétaire du café. Emma m'a raconté que son père faisait la cuisine habituellement. Alors, qui êtes-vous ? Travaillez-vous vraiment ici ?

– Bien... aujourd'hui, oui », dis-je en souriant.

Elle me regarda, déconcertée.

« Voulez-vous l'histoire complète ou une version écourtée ?

– Et si vous commenciez, d'abord, trancha-t-elle. Je pourrai demander des détails au besoin.

– Ça me semble équitable. »

Je pris un instant pour penser à la façon de commencer mon histoire, jusqu'où je devais reculer dans le temps.

« Il y a environ une dizaine d'années, j'ai visité cet endroit... je veux dire, ce café. »

Je n'ai pas jugé bon de lui dire qu'il était alors situé dans un tout autre lieu et qu'il avait été, je ne sais comment, recréé dans les moindres détails à Hawaï. Ce n'était pas nécessaire de rendre les choses encore plus confondantes qu'elles ne l'étaient déjà.

« À cette époque, je n'arrivais pas à comprendre ma vie, à lui donner un sens.

– Que voulez-vous dire ? Étiez-vous malheureux ?

– Pas vraiment malheureux, mais disons que je n'étais pas heureux. Je me sentais coincé *en mode "bien"*. Mon travail était bien, mes activités personnelles étaient bien, mes relations étaient bien... mais quelque chose en moi me répétait constamment que la vie devait être autre chose que juste bien.

» Et il est arrivé dans ma vie une série d'événements qui m'ont fait vraiment réfléchir. »

Jessica me suivait, intéressée.

« Qu'est-il arrivé ?

– Un soir où j'étais chez moi, j'ai reçu un appel d'un membre de ma famille. On m'apprenait que mon grand-père de 82 ans venait de mourir.

– Je suis désolée.

– Merci. Il y a longtemps de cela maintenant. À vrai dire, je n'étais même pas proche de lui. Notre famille vivait très loin de mes grands-parents. Je n'avais donc pas très bien connu mon grand-père. Mais pour une raison inexpliquée, sa mort me secoua. Après le coup de fil, j'ai passé ma propre vie en revue. Et là, je me suis dit que si je continuais à vivre ainsi, si je poursuivais dans la même voie...

– ... est-ce que je serai heureux à 82 ans ? compléta Jessica.

– Exactement, confirmai-je. Et la réponse fut non. Je ne serais pas heureux. Je serais juste bien. Au même instant où ce non retentit en moi, je me suis souvenu d'un événement survenu cinq ans auparavant.

» Je venais alors tout juste de sortir du collège et je tentais d'entrer dans le *vrai monde* du travail. J'avais une entrevue d'embauche prévue pour une compagnie située dans le secteur du centre-ville d'une grande cité, près de l'endroit où je vivais.

» La journée de l'entrevue, j'ai donc enfilé veston, cravate, chemise signée et d'inconfortables souliers. J'ai pris mon tout nouvel ordinateur dans sa mallette et je suis parti prendre le train vers le centre-ville de la grande cité. Je n'avais jamais pris le train auparavant. Lorsque je suis descendu du wagon, j'ai malencontreusement pris la mauvaise direction. Mais, avec le recul, je peux dire que c'était finalement la bonne direction, exactement celle que je devais prendre.

– Que voulez-vous dire ? demanda Jessica.

– En m'engageant dans la mauvaise direction, je me suis retrouvé devant une masse de personnes qui quittaient le train et qui marchaient vers la sortie. Des milliers de personnes en route pour le boulot! Des gens plus âgés, d'autres moins, quelques-uns à peine plus vieux que moi aussi... Des hommes, des femmes... Et en observant cette foule pressée, j'ai remarqué quelque chose.

– Quoi donc?

– Aucune de ces personnes ne souriait. Aucune. »

Par un geste de la tête, Jessica me signifiait qu'elle comprenait. Je poursuivis.

« Ce jour-là, en voyant tous ces gens malheureux, je me suis juré que je ne serais pas comme eux. Ma vie serait différente.

– Alors, vous avez fait en sorte qu'elle soit différente. »

J'ai secoué la tête.

« Pas vraiment. C'est ce que j'ai réalisé le soir où l'on m'a annoncé la mort de mon grand-père. J'avais voulu que ma vie soit différente, je me l'étais même juré, mais en réalité, cinq années étaient passées et je devais admettre que ma vie n'était pas très différente de celle de tous ces gens que j'avais croisés.

– Qu'avez-vous fait?

– J'ai décidé de partir en voyage pour m'éloigner de tout cela pendant un temps. Mais au premier soir de mon voyage, par une série de curieux événements, je me suis retrouvé désespérément perdu. Et dans la confusion de mon égarement, je suis tombé sur un petit café où la nourriture était bonne, où les gens étaient sympathiques et où le menu proposait trois questions.

– Vous avez trouvé cet endroit ! précisa Jessica.

– Voilà.

– Et ?

– J'ai passé la nuit dans ce café à parler avec les gens... Mike, Casey et une autre dame qui s'y trouvait au même moment. J'ai écouté leurs histoires. J'ai partagé la mienne avec eux et je leur ai confié ce que je vivais alors.

– Ça ne semble pas étrange que vous ayez eu ce genre de conversations avec des inconnus ? »

J'ai haussé les épaules.

« Oui... non... enfin, peut-être. J'étais rendu au point où être bien ne me satisfaisait plus. Ça m'a sans doute permis de m'ouvrir à des choses ou à des gens que j'aurais ignorés autrement. »

Je souris. « Maintenant, j'ai constamment des conversations avec des étrangers. Une fois que vous l'avez vécu, vous réalisez que ce n'est pas bizarre après tout. »

Jessica semblait approuver.

« Qu'est-il arrivé ensuite ? »

– Cette nuit passée au Why Café a changé ma vie. J'ai appris des choses dont je n'avais jamais été conscient auparavant. Ma vision du monde s'est transformée. J'ai eu un aperçu d'une vie qui pourrait être plus que juste bien. Alors, j'ai décidé de vivre cette vie.

– Et vous la vivez toujours ?

– Je la vis toujours », dis-je en appuyant mes mots d'un signe de tête affirmatif.

22

M ike prit une bouchée de pain doré et désigna la terrasse d'un signe de la tête. «John et Jessica semblent bien s'entendre.»

Emma but une gorgée de jus. «John est amusant. Il est gentil aussi.»

Casey promena sa main dans les cheveux d'Emma.

«Jessica aussi est gentille.

– Pourquoi pleurait-elle?

– Elle a oublié comment jouer, répondit Casey.

– Pourrais-tu l'aider à s'en souvenir, proposa Mike à sa fille. Tu es très bonne pour jouer.

– D'accord. À quoi aime-t-elle jouer?

– Je ne sais pas vraiment, mentionna Casey. Et je ne crois pas qu'elle le sache elle-même. Elle m'a dit qu'elle aimait beaucoup jouer dans les balançoires lorsqu'elle était enfant.

– Pourrions-nous l'emmener aux balançoires près du lagon? Les balançoires y sont fantastiques. On peut même les tortiller dans un sens ou dans l'autre puis se laisser tournoyer très, très vite. »

Mike sourit.

« Ça me semble une excellente idée. Je pense que ça lui plairait.

– Peut-on y aller maintenant?

– Pourquoi ne finirais-tu pas ton petit-déjeuner d'abord. Ensuite, Casey et toi pourrez emmener Jessica aux balançoires. Je resterai ici pour aider John à nettoyer la cuisine.

– D'accord. »

Emma prit quelques bouchées de ses crêpes.

« Papa, j'ai une question.

– Comment quelqu'un peut-il oublier comment jouer? »

Mike ne put s'empêcher de sourire. Il était toujours émerveillé de constater de quelle façon les jeunes enfants procédaient. Ils demandent, ils écoutent, ils réfléchissent. S'ils ne comprennent pas, ils demandent de nouveau jusqu'à ce qu'ils comprennent complètement.

« Dans le cas de Jessica, je crois qu'elle n'a pas eu une très bonne vie familiale lorsqu'elle était enfant, suggéra Casey. Elle n'avait pas une personne comme ton père pour lui enseigner le plaisir de jouer. »

Emma réfléchit quelques instants.

Chapitre 22

« C'est triste, finit-elle par dire.

– Oui, ça l'est, reprit Casey.

– Crois-tu qu'elle puisse s'en souvenir de nouveau ? » demanda Emma.

Casey lui sourit tendrement.

« Je pense que oui. C'est un peu comme lorsque tu oublies un jouet sous ton lit et que tu es longtemps sans jouer avec lui. À la longue, tu ne te souviens même plus de ce jouet. Mais lorsque tu le retrouves, tu recommences à jouer avec lui et tu en retrouves tout le plaisir.

– C'est arrivé une fois avec ma peluche de dauphin, raconta Emma, fébrile. Il s'appelle Dolphy. Je l'avais perdu. J'avais eu beau chercher partout, je n'arrivais pas à le retrouver. J'étais très triste. Puis, je l'ai oublié, jusqu'au jour où nous avons déplacé les meubles de ma chambre pour la repeindre. On a alors retrouvé Dolphy qui était caché derrière ma commode pendant tout ce temps. Maintenant, je joue beaucoup avec lui.

– C'est très semblable, dit Casey, amusée. Je pense que si tu emmènes Jessica aux balançoires, elle pourrait se rappeler à quel point c'est amusant de jouer.

– Ç'avait fonctionné avec Dolphy ! » conclut Emma, pleine d'enthousiasme.

23

L a conversation entre Jessica et moi se poursuivait.

Elle prit une gorgée de café, avant de poursuivre :

« Comment se sent-on ?

– Comment se sent-on... ? repris-je pour qu'elle précise la question.

– Lorsqu'on choisit une vie différente ?

– Oh, je le recommande fortement, spécialement si votre vie est juste bien et que vous souhaiteriez qu'elle soit plus que cela. »

Jessica sourit.

« Selon vous, pourquoi êtes-vous de retour ici ? demanda-t-elle. Pourquoi maintenant ? Vous avez tout compris, tout corrigé de votre vie, non ? Vous êtes plus que juste bien. »

J'ai acquiescé d'un signe de la tête.

« Je vis certainement une vie qui est beaucoup plus que juste bien. (J'ai haussé les épaules.) Je ne suis pas certain de la raison pour laquelle je me retrouve ici cette fois. Peut-être pour apprendre plus... peut-être pour partager ce que j'ai appris déjà... Je ne suis pas sûr.

– Que pouvez-vous partager avec moi ? »

Sa réplique m'a fait sourire. « Que voulez-vous savoir ? »

Jessica s'avança légèrement.

« Casey a, en quelque sorte, ébranlé mon univers quelques instants auparavant.

– J'avais remarqué que vous étiez alors très émotive. Que s'est-il passé ? »

Jessica raconta la teneur de la conversation entre elle et Casey, sans oublier la notion du terrain de jeu.

« J'ignore pourquoi ça m'a autant remuée lorsqu'elle m'a parlé de cette notion, avoua-t-elle.

– Probablement parce que c'est relié à votre vie. »

Je notai la tristesse balayer le visage de Jessica.

« Parlez-moi de l'une des choses que vous avez apprises depuis votre première visite ici, proposa-t-elle.

– Juste une ? repris-je en riant.

– Commencez avec une. »

J'ai réfléchi durant une minute. « Pourquoi pas une autre histoire de train ? »

Elle sourit.

« Allons-y pour une autre histoire de train !

– Lorsque j'ai quitté le café, la première fois, j'avais réalisé que je ne voulais plus continuer à vivre comme je l'avais fait jusque-là. Je ne savais pas cependant quel genre de vie je voulais vivre dorénavant. »

J'ai jeté un coup d'œil au menu sur la table. « Sur le menu, la première fois, certaines questions étaient différentes de celles-ci. Je pense que les questions diffèrent selon les individus. »

Jessica semblait d'accord.

« Casey a mentionné quelque chose à ce sujet, mais je n'ai pas compris ce qu'elle voulait dire.

– Je comprends, la rassurai-je. Ça n'a probablement aucun sens à bien des niveaux habituels, mais suivez-moi bien dans mon explication. Sur le premier menu – appelons-le "mon menu" –, la première question était "Pourquoi êtes-vous ici ?"

– C'est la même que sur mon menu, remarqua Jessica. Je ne sais pas vraiment ce que ça signifie.

– Je ne le savais pas moi non plus la première fois où je suis venu au café. Avec le temps, c'est devenu clair. La question ne demande pas pourquoi vous êtes au Why Café, ou ni même à Hawaï... Elle demande pourquoi vous existez. Pourquoi êtes-vous en vie ? Quelle est votre raison d'être, votre RDE, en fait ? »

Jessica se recala sur son siège.

« Et moi qui croyais que la question au sujet du terrain de jeu était loufoque!

– Je vois, mais ce n'est pas vraiment si loufoque lorsque vous commencez à l'approfondir. J'ai réalisé que si je me posais cette question – "Pourquoi êtes-vous ici?" –, ma réponse pourrait être un bon guide pour savoir ce que je devais faire chaque jour. Enfin, ça me semblait possible.

– Que voulez-vous dire?

– En considérant où j'étais rendu dans ma vie, ça semblait trop gros pour moi, trop grand pour que j'en saisisse l'essence. Je ne pouvais pas englober le tout.

– Alors, vous avez pris un train? »

J'ai éclaté de rire.

« Oui, mais pour aller au boulot. Je pensais constamment à cette première question, principalement lorsque je me dirigeais au travail. Puis, un jour, j'ai rencontré un type sur le train. Un type quelconque sur un trajet de train quelconque vers le boulot.

– Et?

– Ce type avait l'air heureux. Réellement heureux. Alors, je lui ai demandé: "Je sais que ça aura l'air insensé, mais vous semblez heureux et j'aimerais connaître votre secret." »

Jessica ne put contenir un rire. « Vous avez vraiment fait cela? »

J'ai confirmé en dodelinant de la tête.

« Et que vous a-t-il répondu ?

– D'abord, il s'est renseigné sur ma vie. Je lui ai parlé de ce que je vivais, de ma visite au Why Café et de mon désir d'avoir une vie plus que juste bien.

– A-t-il trouvé l'histoire du Why Café étrange ? »

J'ai fait signe que non.

« Non. Je pense qu'il était dans un état d'esprit où les bonnes choses arrivent lorsqu'elles le doivent, au bon moment. Et où les bonnes personnes croisent votre route lorsque vous en avez le plus besoin. Mon expérience au café était donc sensée pour lui.

– Qu'est-il arrivé ensuite ?

– Essentiellement, il m'a dit deux choses qui m'ont inspiré. La première était qu'il gagnait sa vie en voyageant autour du monde et en donnant différents cours. Immédiatement, mon intérêt fut captivé. J'avais toujours voulu voyager autour du monde, mais je n'avais jamais rencontré quelqu'un qui le faisait.

» Puis, il m'a confié avoir lui aussi traversé une période similaire à ce que je vivais, où il essayait de comprendre sa propre vie.

– Qu'avait-il fait pour s'en sortir ?

– Apparemment, un bon ami l'avait beaucoup aidé dans sa démarche. Je crois que le nom de cet ami était "Thomas[1]". Il a inspiré le type à réfléchir aux cinq choses qu'il voulait le plus voir, faire ou vivre avant de mourir, et il lui a conseillé ensuite de concentrer son temps et ses énergies sur ces cinq choses d'abord. Selon lui, le reste suivrait tout seul. Il appelait cela les "cinq grands rêves de vie".

» Il disait que, parfois essayer de trouver votre but dans la vie est un exercice trop intense, trop imposant. Alors, il vaut mieux commencer plus modestement avec les cinq grands rêves. En réalisant ces rêves, vous apprenez à vous connaître vous-même. Et une fois que vous vous connaissez mieux, il est plus facile de découvrir votre raison d'être.

– Êtes-vous resté en lien avec ce type?

– Non, dis-je en souriant. C'est ce qui est très étrange. Je ne l'ai rencontré qu'une fois sur le train. Il a partagé ce concept avec moi le jour où j'en eus vraiment besoin. Je ne l'ai plus jamais revu par la suite. Aujourd'hui, dans mes souvenirs, il est Joe... Joe du train.

– Avez-vous suivi ses conseils?

– Oui. J'ai décidé que l'un de mes cinq grands rêves était de voyager. Pendant deux ans, j'ai fait des économies et je suis ensuite parti autour du monde. J'ai adoré cela. Pour tout dire, j'ai tellement adoré mon expérience que j'ai commencé

---

1. NDT: Le lecteur pourra lire l'histoire de Thomas dans le livre *Les 5 Grands Rêves de Vie*.

à alterner une année de travail et une année de voyage. Et c'est ce que je fais depuis : je travaille durant une année et je voyage l'année suivante.

– N'avez-vous pas peur de ne pas trouver un emploi lorsque vous revenez de votre année de voyage ?

– Au début, oui. Plus maintenant. La plupart des gens n'aiment pas leur travail, alors ils finissent par donner un piètre rendement au boulot. Si vous êtes le genre de personnes qui se voue entièrement à son travail, beaucoup d'employeurs voudront vous embaucher.

– Même pour une seule année ?

– Disons qu'au début, je ne mentionnais pas que je ne resterais qu'une seule année. Maintenant, toutefois, je suis toujours embauché par les mêmes compagnies année après année. Elles savent que je fais du bon travail, alors elles sont prêtes à attendre mon retour. »

J'ai haussé les épaules. « Toutes les compagnies ont un ou deux projets spéciaux qu'elles souhaitent voir réalisés. Mais elles n'ont pas toujours le personnel disponible pour de tels projets. Et elles ne veulent pas créer un poste juste pour un projet. Elles aiment que je m'en occupe sans rechercher un poste permanent.

– Poursuivrez-vous toujours ainsi ? Une année de travail, une année de voyage ?

– Je ne sais pas. Jusqu'ici, ça me convient. La première séquence fut la plus difficile. Que faire avec mes effets personnels ? Comment payer mes factures quand je serai parti? Une fois que vous réglez ces détails, ça devient facile. Je suppose que si j'en arrive à un point où cette alternance ne m'intéresse plus, j'arrêterai. Mais, pour le moment, c'est...

– ... beaucoup mieux que juste bien? » compléta Jessica.

Cela me fit rire.

« Oui, assurément, beaucoup mieux que juste bien. »

Jessica regarda vers l'océan, pensive.

« Qu'y a-t-il? lui demandai-je.

– À vous écouter, ça semble facile.

– C'est facile!

– Pour vous.

– Pour n'importe qui.

– Et si vous avez une famille? Vous ne pouvez pas décider de partir comme cela.

– Avez-vous une famille?

– Non.

– Alors, pourquoi vous inquiéter de cet aspect?

– Je donnais un exemple. Je voulais dire que ce n'est pas tout le monde qui peut partir ainsi.

– Mais pourquoi vous en inquiétez-vous?

– Je ne sais pas, dit-elle, après une pause.

– La vie est trop courte pour que vous basiez vos décisions sur ce qui est possible ou non pour les autres. Décidez en fonction de Jessica et de la situation de Jessica.

» Et pour être tout à fait honnête, j'ai rencontré toutes sortes de personnes et de familles qui vivaient comme moi, qui faisaient des choses semblables à celles que je réalisais. Mais la majorité des gens ne les ont jamais rencontrées ou n'ont jamais entendu parler d'elles, parce que la majorité des gens passent leur vie assis au travail. Mais les personnes dont je vous parle sont dehors et voyagent. C'est seulement une fois que vous partez et commencez à voyager que vous réalisez que c'est possible de le faire.

» Et j'ai découvert que c'en était ainsi pour la plupart des activités. Elles semblent nouvelles et étranges jusqu'à ce que vous commenciez à les apprivoiser. La seule façon de commencer à les faire est...

– ... de commencer à les faire ! interrompit Jessica.

– Exactement ! Alors, elles ne vous semblent plus aussi étranges. En plus, vous rencontrez alors des gens qui en savent plus que vous dans un domaine quelconque. Si vous voulez apprendre la danse sociale, ne vous tenez pas au stade de baseball. Mais si vous voulez apprendre le baseball, n'allez pas à un studio de danse. »

Mes exemples ont fait rigoler Jessica. « Dites-moi autre chose que vous avez apprécié... »

J'ai réfléchi un moment.

« Vous avez parlé du terrain de jeu, n'est-ce pas ?

– Oui.

– Vivez *votre* terrain de jeu.

– Qu'est-ce que ça veut dire ?

– Est-ce qu'avoir un conjoint, deux enfants et une maison avec une grande cour est *votre* terrain de jeu ? Ou est-ce une idée puisée dans une publicité d'une banque ? Est-ce que vous rendre à la plage en cabriolet avec trois de vos amis en chantant plus fort que la radio est *votre* terrain de jeu ? Ou est-ce la vie à travers les lentilles d'une publicité d'une marque d'auto ? »

J'ai souri. « Votre terrain de jeu est unique à vous. Permettez-vous de l'évaluer non pas selon les rêves des autres, mais bien selon vos propres rêves. »

24

« Ça vous plaît, Jessica ? » demanda Emma.

Jessica, Casey et Emma se trouvaient dans une grotte près du café. « C'est magnifique », s'exclama Jessica.

Elles s'étaient rendues à la grotte par un petit chemin bordé de feuillage tropical géant. Elles se balançaient maintenant sur des balançoires sur le bord d'un joli petit lagon. Les parfums ambiants d'Hawaï embaumaient l'air. Des fleurs, encore des fleurs, toujours plus de fleurs...

Dans cette portion de l'île, les rochers volcaniques noirs, qui font la renommée des côtes hawaïennes, avaient été érodés par les vagues de l'océan. Le site était un paradis tropical à même l'île qui était elle-même un paradis tropical.

L'eau du lagon était si claire qu'elles pouvaient voir les poissons tropicaux nager. Des plantes aux feuilles d'un vert profond et plus grandes qu'une personne entouraient le lagon. Et le noir des rochers volcaniques complétait le magnifique agencement de couleurs.

« C'est l'un de mes endroits préférés pour jouer sur les balançoires », confia Emma. Elle était couchée à plat ventre sur l'une des balançoires et elle s'était entortillée jusqu'à ce que les cordes ne puissent plus le supporter.

« Regardez », lança-t-elle.

Elle laissa les cordes se détortiller, la faisant tournoyer à vive allure.

« Vous pouvez essayer, si ça vous tente, proposa Emma à Jessica. C'est très amusant. Et après quelques fois, ça ne fait plus peur. »

La proposition fit sourire Jessica.

« Ça semble amusant, en effet.

– Essayez, insista Emma.

– Eh bien, je ne sais pas si ça serait aussi facile pour moi...

– Ça ira... Vous pouvez seulement essayer », persista Emma.

Jessica hésita puis accepta.

« D'accord, dit-elle en se positionnant sur la balançoire à la façon d'Emma.

– Vous tortillez la balançoire le plus possible, puis vous levez les pieds », expliqua Emma.

Jessica suivit les instructions de la fillette. En levant les pieds du sol, elle se mit à tournoyer tout comme Emma.

« Vous avez réussi ! cria Emma. Je vous avais dit que vous seriez capable. »

Jessica se remit debout, toute souriante, et elle s'assit sur la balançoire.

« Tu es une bonne *coach*, Emma.

– Casey m'a dit que vous aimiez jouer dans les balançoires lorsque vous étiez enfant, et que vous aviez oublié comment jouer. Alors, j'ai pensé que ça vous permettrait de vous en souvenir.

– Merci, dit Jessica, toujours souriante.

– Hé ! Voilà Sophia ! » lança Emma en pointant dans une direction.

Une jeune fille qui semblait avoir l'âge d'Emma s'avançait dans le lagon sur un pédalo.

« Sophia ! Sophia ! » cria Emma en agitant la main.

La fillette sur le pédalo l'entendit et la salua à son tour.

« Je vais jouer avec Sophia dans le bassin, dit Emma en courant vers l'eau. Je vais être soit là-bas ou ici, cria-t-elle par-dessus son épaule.

– D'accord, cria à son tour Casey.

– Est-ce que ça ira pour elle ? demanda Jessica à Casey.

– Oh oui, ça ira. Ces deux-là connaissent chaque centimètre du lagon. Parfois, j'ai l'impression qu'elles sont mi-poissons ou mi-tortues de mer !

– Pourquoi a-t-elle dit qu'elle serait là-bas ou ici ?

– Elle et son père ont une entente. Il lui permet d'"explorer" avec ses amies, mais elle doit préciser les endroits qu'elle explorera et lui laisser savoir.

– N'est-ce pas dangereux ?

– Non, c'est plutôt le contraire. Mike a commencé cette entente lorsqu'Emma était toute petite. À ce moment-là, peu importe où elle choisissait de jouer à l'exploratrice, il s'assurait de pouvoir la voir ou la rejoindre rapidement. Il lui a appris à faire confiance à ses instincts et à son intuition. Ce fut un bon apprentissage. Maintenant, elle a un système de guidage intérieur hautement aiguisé. Ça la protège tandis qu'elle explore.

– Ça me semble tout de même un peu dangereux.

– Si vous saviez ce qui allait survenir avant que ça arrive réellement, est-ce que le monde vous semblerait dangereux ? »

Jessica réfléchit.

« Êtes-vous en train de me dire qu'elle a cette capacité ?

– Tout le monde l'a ! On lui a appris à s'en servir très tôt dans la vie, alors c'est comme une seconde nature pour elle. La plupart des gens ont cessé de l'utiliser dans leur enfance. Alors, lorsqu'elle surgit soudainement, à l'occasion, au lieu de s'y abandonner comme à une seconde nature, ils la mettent en doute.

– Je vois. »

Casey devinait bien les doutes qui tenaillaient Jessica.

« Vous avez utilisé cette habileté, vous aussi, aujourd'hui. »

Jessica la regarda, intriguée.

« Vous êtes entrée au café ce matin alors que vous n'aviez aucune raison logique de le faire. Quelque chose vous a parlé intérieurement. D'une manière ou d'une forme quelconque, votre système de guidage interne vous a inspiré l'idée que c'était la bonne chose à faire.

– Comment le savez-vous ? »

Casey regarda le lagon en souriant.

« C'est comme ça que chacun trouve le Why Café. »

25

« V ous avez une fille surprenante ! fis-je remarquer à Mike tandis que nous nettoyions la cuisine ensemble.

– Merci ! dit-il en souriant. C'est une enfant extraordinaire.

– La paternité vous plaît ? »

Mike déposa les assiettes qu'il transportait. « Pour moi, c'est la meilleure chose que puisse vivre un être humain. »

J'ai souri à mon tour.

« Vous insistez beaucoup sur *pour moi...*

– Être parent n'est pas pour tout le monde. Si ça vous convient, vous en retirerez énormément de plaisir et vous aurez beaucoup de responsabilités. Si ça ne vous convient pas, vous aurez énormément de travail et beaucoup de responsabilités.

– Je ne crois pas avoir déjà entendu quelqu'un parler de cette façon.

– C'est parce qu'une fois que vous avez des enfants, vous ne pouvez pas les retourner, ajouta-t-il en souriant.

– Alors, selon vous, la paternité n'est pas pour tout le monde ?

– Certainement. Et avoir des enfants ou non ne signifie pas que vous êtes une meilleure ou une moins bonne personne.

– Qu'est-ce qui fait que vous vous sentez à l'aise dans ce rôle ?

– Au moment d'avoir Emma, j'avais déjà relevé le défi de m'occuper de la personne la plus difficile qui soit. »

J'ai ri !

« Et qui est-ce ?

– Moi !

– Vous ?

– Être parent exige un don de soi. Très peu de gens ont l'honnêteté de l'avouer. Dans les publicités, on voit cet adorable petit bébé câliner ses parents, ou encore le parfait moment en famille où tout le monde est reposé et souriant tandis que le bébé accomplit ses adorables petits exploits. La publicité montre ce que l'on reçoit en étant parents, c'est-à-dire tout l'amour que l'enfant redonne aux parents.

– Et ce n'est pas ainsi ?

– Oui, ça l'est... parfois ! Et très souvent, il faut changer les couches, aider l'enfant à s'habiller, lui préparer ses repas, le réconforter lorsqu'il pleure, l'accompagner pour l'heure du sommeil, lui apprendre tout ce que vous savez déjà... Être parent, c'est vraiment donner beaucoup de temps et d'énergie à son enfant, particulièrement dans les premières années. »

Il fit une légère pause.

« Beaucoup de gens veulent un enfant pour recevoir. Ils sont désillusionnés en peu de temps, ajouta Mike.

– Pas vous ?

– Comme je le disais, au moment d'accueillir Emma dans ma vie, je m'étais occupé de moi déjà. J'avais vu les choses que je voulais voir, j'avais vécu les aventures que je souhaitais vivre... je me sentais prêt à donner.

– Avez-vous l'impression d'avoir reçu quelque chose quand même ?

– Oui, je reçois énormément. Chaque jour ! Toutefois, ça se passe dans les petites choses du quotidien. Avant d'avoir Emma, je n'avais jamais changé une couche de ma vie et je n'avais aucune idée de la façon de m'y prendre. J'appréhendais le pire, bien sûr. Puis, elle est arrivée... une minuscule personne qui a besoin de votre aide, car elle ne peut rien faire d'elle-même. Alors, vous l'aidez et ça vous apporte un sentiment de bien-être incroyable. Vous recevez ! »

Je n'ai pu m'empêcher de sourire.

« Je n'ai jamais pensé que changer la couche d'un enfant pouvait apporter quelque chose. Pour moi, ce n'est que cela : changer une couche. Pour être honnête, il faut dire que je n'en ai jamais changé une ! lui dis-je.

– Si vous avez déjà comblé vos propres besoins, lorsque l'enfant arrive dans votre vie, alors vous le voyez comme il est vraiment : un cadeau ! Voilà que vous avez dans les bras une toute petite personne qui vous offre la chance de l'aider. Changer une couche n'est pas une responsabilité, c'est une occasion de donner un cadeau. »

Mike s'interrompit pour rire puis ajouta : « Et cette occasion se présente une dizaine de fois par jour lorsque l'enfant est encore bébé.

– Donc, vous recevez parce que vous donnez !

– Exactement ! Aider fait naître la joie. Certaines personnes ne sont pas prêtes à cela. Souvent, elles veulent d'abord recevoir, et peut-être donner ensuite. Mais être parent exige l'inverse.

– Et vous dites que c'est la plus belle chose à vivre ?

– Pour moi ! » précisa Mike.

Il accrocha le linge à vaisselle qu'il venait d'utiliser pour essuyer les assiettes.

« Il y a si peu de temps dans une journée, John. Même avant d'avoir des enfants, la plupart des gens sont continuellement à la course entre toutes leurs activités. Ils doivent abandonner quelque chose lorsqu'un enfant arrive dans leur vie, car plus que tout, l'enfant a besoin de temps, d'amour et d'attention. »

Mike se tut un instant et reprit aussitôt.

« La dernière fois que vous êtes venu ici, nous avons parlé de la RDE, vous en souvenez-vous ?

– Bien sûr... la raison d'être ! J'en parlais justement avec Jessica tout à l'heure.

– Parfait. Si une personne découvre sa raison d'être et entreprend de vivre en fonction d'elle, cela signifie que sa vie sera entièrement consacrée à l'activité qui correspond à sa raison d'être. Alors, où trouvera-t-elle le temps, l'amour et l'attention dont un enfant a besoin ?

– Peut-être que sa raison d'être n'inclut pas la parentalité...

– Exactement ! confirma Mike. Ou, du moins, peut-être qu'elle ne l'inclut pas maintenant. Donc, cette personne ne devrait pas se sentir coupable de ne pas avoir d'enfant. Elle ne devrait pas non plus subir la pression des amis, de la famille ou de la société. Elle réalise sa raison d'être d'une autre façon.

» J'ai rencontré plusieurs clients, ici, au Why Café, qui désiraient des enfants parce qu'ils voulaient une vie comblée. C'est un mythe. Avoir des enfants comble un aspect de la vie, mais ça signifie aussi qu'un autre aspect ne le sera pas. Peut-être qu'avoir des enfants ne vous permettra pas d'inspirer autant de gens, ou de créer autant d'inventions, ou de faire prospérer votre entreprise autant que vous auriez pu le faire si vous n'aviez pas eu d'enfant.

» Ce que j'essaie de faire ressortir, John, est que chaque personne est différente et unique. La raison d'être peut inclure ou non être parent et ce qui en découle. Et dans les deux cas, c'est bien ainsi.

– Ça ne semble pas être perçu ainsi dans la société, fis-je remarquer.

– Je sais. Particulièrement chez les femmes. En vérité, si avoir un enfant était la clé de la paix, du contentement et du bonheur, nous verrions beaucoup plus d'adultes paisibles, satisfaits et heureux.

– Pourtant, vous maintenez que c'est la plus belle chose que vous ayez vécue...

– Parce qu'être parent fait partie de ma raison d'être et que lorsqu'Emma est arrivée, j'étais prêt à la recevoir. J'étais là pour elle, mais je ne lui demandais pas de combler mes vides émotionnels. »

« Elles semblent passer un bon moment, dit Jessica en désignant Emma et Sophia au loin.

– Comme toujours, répondit Casey. Elles ont des terrains de jeu plutôt similaires et elles adorent y jouer ensemble.

– Que voulez-vous dire ?

– Elles aiment les mêmes choses. Elles raffolent toutes les deux de l'eau et des animaux. Elles ne vivent que pour faire de la plongée en apnée, du pédalo et du surf.

– Et, de toute évidence, explorer les bassins d'eau, ajouta Jessica.

– Aussi, en effet », approuva Casey.

Les deux femmes restèrent silencieuses un instant.

« J'ai déjà eu une amie comme ça, dit finalement Jessica.

– Lorsque vous étiez une petite fille ?

– Non, plus lorsque j'avais une douzaine d'années. Elle s'appelait Ashley Jessins. Sa famille avait emménagé sur la rue où nous vivions. Nous avions l'habitude de tout faire ensemble.

– Avez-vous conservé un lien avec elle ? »

Jessica secoua la tête.

« Non. Lorsque j'ai décidé de partir et de tout laisser derrière moi, je me suis enfuie aussi vite et aussi loin que j'ai pu.

– Êtes-vous toujours en fuite ? »

Jessica immobilisa sa balançoire.

« Que voulez-vous dire ?

– Êtes-vous toujours en fuite ? »

Jessica réfléchit quelques secondes.

« Je ne sais pas, finit-elle par dire. Je ne suis plus une enfant. J'ai une carrière, une vie...

– Ça ne signifie pas que vous n'êtes plus en fuite, fit remarquer Casey. Quand les choses sont envenimées, nous partons. Nous fuyons. Ça prend du courage pour nous sortir d'une situation qui ne correspond pas à ce que nous voulons, particulièrement si l'on nous blesse chaque jour. C'est de la bravoure. »

Jessica approuva d'un signe de la tête. Casey poursuivit.

« Parfois, l'habitude de la fuite devient si ancrée en nous que nous en oublions d'arrêter de fuir quelque chose et de commencer à courir vers quelque chose.

– Je ne vous suis pas.

– Vous êtes très loin maintenant du continent. La vie que vous avez fuie sur ce continent est terminée depuis longtemps. Mais elle occupe toujours une grande place en vous, non ? Ce que vous faites... ce qui occupe vos pensées... Vous essayez toujours et encore de fuir cette vie. »

Une larme roula sur le visage de Jessica.

« Vous ne comprenez pas, dit-elle. C'était affreux, avoua-t-elle en séchant sa larme alors que d'autres s'annonçaient. Vraiment affreux.

– Mais ça ne l'est plus, maintenant. » Elle étendit le bras pour déposer tendrement sa main sur celui de Jessica. « Peut-être est-il temps de cesser de mettre autant de temps, d'énergie et d'émotions à fuir une vie que vous n'avez pas créée, et les mettre plutôt dans la création d'une vie que vous choisissez. »

Casey retira sa main délicatement. « Vous avez un emploi ? »

Jessica fit signe que oui. Casey reprit : « Vous avez une magnifique automobile, des vêtements dispendieux, le plus récent modèle de cellulaire.... Ne le prenez pas comme un jugement, car je vous parle à partir de la pure ouverture du cœur, mais pourquoi ? »

Jessica recommença à se balancer. Elle hésitait, visiblement.

« Il n'y a rien de mal à posséder toutes ces choses, insista Casey. Elles sont toutes très bien. Je vous demande simplement pourquoi vous les possédez.

– Je veux prouver mon appartenance, avoua Jessica au bout d'un long silence. Je veux prouver mon appartenance.

– À quoi ? »

Jessica secoua la tête et ne put s'empêcher de rire, malgré elle.

« Je ne sais pas. Je crois que je veux juste cacher aux autres ce que j'étais avant... d'où je viens...

– Qui êtes-vous réellement ? »

Jessica regarda Casey d'un air interrogateur. Casey s'expliqua.

« Certaines personnes aiment les autos. Elles aiment la sensation de s'asseoir dans une auto neuve. Elles aiment la mécanique et le vrombissement du moteur lorsqu'elles appuient sur l'accélérateur. Elles apprécient la silhouette du véhicule et son design. Êtes-vous l'une de ces personnes ?

– Non, répondit Jessica en secouant la tête.

– D'autres personnes aiment les beaux vêtements. Elles sont attirées par les styles dernier cri. Elles admirent la créativité des designers. Elles peuvent identifier les nuances qui rendent chaque vêtement unique et spécial. Elles aiment la sensation ressentie en portant un vêtement particulier. Est-ce que vous êtes comme ces personnes ? »

De nouveau, Jessica secoua la tête. « Non », assura-t-elle.

Casey sourit. « Parfois, sans même le réaliser, nous essayons de prouver au monde notre appartenance à une classe sociale ou à un type de personnes. Au début, c'est surtout parce que nous voulons être aimés ou reconnus par les autres, ou pour qu'ils nous estiment. Puis, à un certain moment, nous devenons conscients de la vérité. Nous essayons de faire partie d'un monde sans pourtant le désirer.

» Ce que nous voulons réellement, et plus que tout, c'est d'être acceptés dans notre propre monde. Oui, nous voulons l'approbation. Mais, au fond de notre cœur, nous ne voulons pas que quelqu'un d'autre nous dise que nous sommes spéciaux ou uniques. Nous désirons reconnaître par nous-mêmes que nous le sommes. Et lorsque nous y parvenons, le besoin d'approbation de la part des autres s'évanouit. Nous savons désormais que nous sommes spéciaux... Nous le savons par nous-mêmes. »

Jessica signifia à Casey qu'elle saisissait le message.

« Qu'est-ce qui vous a amenée ici, à Hawaï ? demanda Casey.

– Je voulais apprendre à surfer.

– Vraiment ?

– J'avais vu un film au sujet d'un surfeur. Il parlait de la liberté ressentie en glissant sur les vagues. Il expliquait que lorsqu'il surfait, plus rien n'avait d'importance, à part les vagues, sa planche et le sentiment d'harmonie ressenti. » Jessica haussa les épaules. « C'est insensé, direz-vous.

– Est-ce que vous surfez ? »

Jessica fit signe que non.

« Lorsque je suis arrivée ici, je me suis rendu compte à quel point tout était dispendieux. Je n'avais pas beaucoup d'argent, alors je me suis trouvé rapidement un boulot pour payer mon loyer et ma bouffe. Mais je ne parvenais toujours pas à joindre les deux bouts, alors j'ai accepté un deuxième emploi, le soir. Et puis... je ne sais plus. Je crois que ça m'a paru fou et insensé...

– De faire du surf ?

– Vous savez, l'idée que ça puisse vous apporter un sentiment de liberté et d'harmonie et tout cela...

– Êtes-vous toujours pauvre ? »

Jessica secoua la tête de nouveau. « Non. Je ne dis pas que je suis riche, mais je suis loin d'être pauvre. »

Casey la regarda en souriant.

« Je ne saisis toujours pas qui vous êtes.

– Que voulez-vous dire ? demanda Jessica avec un sourire.

– Eh bien, vous n'êtes pas les vêtements que vous portez. Vous n'êtes pas l'auto que vous conduisez. Vous n'êtes pas la fille qui s'est enfuie d'un milieu familial difficile. Vous n'êtes pas non plus la fille pauvre qui est venue à Hawaï... Alors, qui êtes-vous ? »

Le sourire s'estompa d'un coup du visage de Jessica.

« Je ne sais pas.

– C'est pourquoi vous continuez de fuir au lieu de foncer vers l'avant. »

27

Mike et moi étions toujours occupés à nettoyer la cuisinière et à discuter.

« On a fait le tour de la paternité, mais vous, John, avez-vous des nouvelles à partager avec nous ? dit Mike en riant.

– Oh non... Je... je... (Je souris.) Je ne sais pas. Les dernières années ont été fantastiques. Vraiment fantastiques. Je suis si heureux d'avoir trouvé le Why Café la première fois. Ma vie en a été transformée. Et je veux vous en remercier. »

Mike approuva humblement. Je repris : « Et voici que je me retrouve ici de nouveau, sans trop savoir pourquoi...

– Pourquoi, selon vous ?

– Je ne sais pas. Je présume que j'ai autre chose à apprendre, ou une nouvelle direction à prendre... »

Mike sourit.

« Peut-être. Ou peut-être aussi êtes-vous venu pour enseigner cette fois...

– À Jessica ?

– Possiblement. Ou à Casey, ou à Emma, ou à moi ! »

Je ne pus m'empêcher de rire.

« Je ne crois pas que je puisse vous apprendre quoi que ce soit que vous ne sachiez déjà.

– N'en soyez pas si certain. Vous avez vécu une vie palpitante depuis votre premier passage ici. Je suis persuadé que vous avez appris bien des choses lors de vos périples.

– Oui, bien sûr. Et je me sens beaucoup plus à l'aise dans ma vie et le rôle que j'occupe dans le monde, mais...

– ... mais, qui suis-je pour... », dit Mike avec une pointe d'ironie.

Je haussai les épaules.

« C'est ce que je me dis en quelque sorte.

– John, la première étape est d'être suffisamment bien avec vous-même pour que vous puissiez croire en vous. Vous avez clairement identifié votre raison d'être et vous avez commencé à vivre en accord avec elle. Vous l'avez fait. Vous vous êtes rendu plus loin encore.

» Vient un temps dans cette quête où chacun réalise que nos plus grands élans de croissance nous viennent de moments inspirants partagés avec les autres. Quelqu'un vous dit une phrase que vous n'oubliez jamais. Quelqu'un d'autre vous enseigne un concept qui vous sera utile pour le reste de votre vie.

» Vous en venez à constater que plus vous êtes aligné sur votre raison d'être et plus vous vivez en accord avec elle, à chaque instant de chaque journée, alors plus les gens sont attirés vers vous. Vous rayonnez et émettez une énergie qui ne peut être feinte. Votre authenticité et votre intégrité attirent les gens à vous.

» Vous vous mettez à partager avec quelqu'un d'autre ce que vous savez, au hasard d'une conversation ou en réponse à une demande d'aide d'un ami, peu importe. Mais vous constatez que ça change la vie de l'autre, tout comme la vôtre a été transformée lorsque quelqu'un a partagé avec vous ses connaissances.

» Et à ce moment, vous faites l'une des plus grandes prises de conscience que l'on puisse faire. La question n'est plus : "Qui suis-je pour enseigner, partager, faire une différence, démarrer une entreprise, voyager autour du monde, tomber amoureux, écrire une chanson..." ou quel que soit tout autre de vos rêves. La question est : "Qui êtes-vous pour ne pas le faire ?" »

28

Casey regarda Jessica en souriant.

« Vous êtes-vous déjà servi d'un système de navigation GPS ? Vous savez, le genre qui sait automatiquement où vous vous trouvez ? Vous entrez votre destination et une voix amicale vous guide jusque-là. »

Jessica ne put s'empêcher de rire.

« Oui.

– J'ai découvert que l'Univers fonctionne de la même façon.

– C'est-à-dire ?

– Nous prenons des décisions. Nous essayons des trucs. Nous allons à gauche, puis à droite. Nous tournons en rond, dit Casey, amusée. Et parfois, nous avons l'impression d'être tellement éloignés de notre but que rien ni personne ne pourra nous ramener dans la bonne direction. Vous me suivez, n'est-ce pas ? »

Jessica fit signe que oui.

« Mais revenons au système GPS. Peu importe combien de fois nous tournons en rond, faisant la même chose, répétant les mêmes erreurs, peu importe le nombre de fois où vous vous engagez vers la gauche alors que la petite voix vous indiquait d'aller à droite, sans porter aucun jugement, la petite voix du GPS vous informe qu'elle réévalue votre position et elle vous fournit ensuite l'itinéraire pour vous rendre là où vous voulez aller. »

Jessica s'esclaffa.

« C'est ce qu'elle fait, en effet.

– En effet, reprit Casey. Et l'Univers fonctionne de la même manière. »

Casey immobilisa sa balançoire et regarda Jessica.

« Vous êtes ici pour une raison importante. Votre vie n'est pas une erreur ou un accident, ni le fruit du hasard. Vous êtes ici dans un but précis, sinon vous n'y seriez pas. Et même si parfois vous vous sentez désespérément perdue et que vous ne semblez pas pouvoir retrouver votre voie, l'aide vous est toujours disponible. »

Casey avait touché un point sensible chez Jessica.

« J'ai connu des périodes où je me sentais complètement dépassée, isolée du reste du monde, avoua Jessica à voix basse. Encore aujourd'hui, il y a des jours où je me sens si perdue... »

Casey lui sourit. « Alors, il est temps de faire appel au GPS universel! Aimeriez-vous le mot *Dieu*? »

Jessica la regarda, étonnée.

« Si j'aime le mot *Dieu*?

– Oui.

– Je ne sais pas... Pourquoi?

– Certaines personnes aiment bien ce terme. Elles sont plus à l'aise avec ce mot que le terme *Univers*.

– Est-ce que ça fait une différence?

– Ça dépend de vous. Je vais utiliser le mot *Univers* pour notre conversation. Je le trouve plus général, disons. Vous pourrez y réfléchir par la suite et choisir le mot qui vous convient le mieux. Et les choix sont nombreux. Les gens de différents lieux, de différentes cultures ou parlant un langage différent utiliseront des mots différents. Les mêmes mots ont aussi évolué au fil du temps. Il y a donc toute une série de mots que vous pouvez utiliser.

– Y en a-t-il un mieux que les autres?

– Pour certaines personnes, oui, répondit Casey en souriant.

– Et selon vous?

– L'essence de ce dont nous parlons est une présence si puissante qu'elle fait partie de tout ce qui vit. Et pas seulement sur notre planète, mais partout jusqu'aux confins de l'espace. Et elle n'existe pas seulement maintenant, mais depuis le début de tout. Selon moi, il est difficile de croire que quelque chose d'aussi puissant puisse se résumer à un nom. Je crois que c'est l'intention derrière la demande qui importe. »

Jessica sembla d'accord.

« Et comment utiliserez-vous le GPS universel ?

– Ça dépend.

– De quoi ?

– À quel point vous êtes perdue. » Casey regarda vers le lagon. « Vous souvenez-vous de la première question sur le menu ?

– Pourquoi êtes-vous ici ?

– Exact, dit Jessica sans rien ajouter.

– Et puis quoi ?

– Quelle est la première étape pour utiliser le GPS d'une auto ?

– L'allumer ? »

Casey éclata de rire. « D'accord, on part à zéro. Ensuite ? »

Jessica réfléchit un moment.

« Le système détermine l'endroit où vous êtes.

– Oui, il le sait continuellement. L'étape suivante ?

– Lui indiquer la destination que vous avez choisie ! »

Cette fois, Casey sourit.

« Répondez en vous-même à cette question : "Pourquoi suis-je ici ?" Ou, dit autrement : "Quel est le but de ma vie ?" ce que nous appelons, au café, la "RDE", la raison d'être. C'est l'équivalent d'indiquer à l'Univers : "Voici la destination que je veux atteindre." »

Jessica réfléchit un instant.

« J'ai l'impression que ça me dépasse, tout cela. Comment puis-je connaître le but de mon existence ?

– Servez-vous de l'option *Rechercher* !

– Quoi ?

– Vous savez, il y a toujours une option *Rechercher* sur les systèmes GPS. Si vous ne savez pas exactement où vous voulez vous rendre, vous pouvez faire une recherche par thèmes : restaurants italiens, lieux d'intérêt public, parcs nationaux... »

Jessica se mit à rire.

« C'est pourtant vrai, reprit Casey. La vie fonctionne de la même façon.

– Je vois ce que vous voulez dire, mais je ne saisis pas tout à fait le concept.

– D'accord. Imaginez que vous êtes au volant de votre voiture. Vous conduisez depuis un moment. Qu'est-ce qui peut vous faire arrêter ? »

Jessica réfléchit.

« Si je suis fatiguée de conduire.

– Bien. Et puis quoi ?

– Je décide de m'arrêter.

– D'accord, mais que se passe-t-il tout juste avant ? »

Jessica était confuse.

« Pensez-y un instant, insista Casey. Qu'arrivait-il tout juste avant que vous décidiez de vous arrêter ?

– Je pense à quelque chose... je pense à quelque chose que je veux faire plutôt que conduire. Une pensée ou une idée surgira dans ma tête et c'est le déclic pour me faire arrêter », dit Jessica, enthousiaste.

Casey approuva.

« C'est la même chose. Chaque seconde de chaque journée, nous recevons des indices, des messages. Une personne comme John arrive ici et nous parle de ses voyages autour du monde. Ou bien nous n'avons aucun intérêt pour en faire autant, ou bien quelque chose en nous s'anime : "Hé, arrêtons de conduire et allons-y ! Nous avons toujours voulu vivre ça. Pourquoi ne le ferions-nous pas maintenant ?"

– Est-ce un thème ou une destination précise ?

– Tout dépend de la personne. Peut-être que ça ne correspond pas tout à fait à votre raison d'être, mais d'une certaine manière, c'est tout de même très important pour vous. »

Jessica comprit la nuance. «Lorsque je discutais avec John, il m'a confié que le concept de la RDE le dépassait complètement au début. Il a donc commencé par identifier les cinq choses qu'il voulait le plus réaliser dans sa vie. Pour lui, c'était plus facile de s'y prendre de cette façon. Et c'est en accomplissant ces cinq choses que sa raison d'être s'est précisée.

– Pour certains, c'est effectivement une excellente façon de débuter.

– Et pour les autres ?

– Quelques-uns sont nés avec un sens inné du but de leur vie. Ils le connaissent depuis aussi longtemps qu'ils peuvent se rappeler.»

Casey fit une pause et reprit.

«Je vais vous confier autre chose... Le système GPS universel et celui de votre auto partagent aussi une autre fonction.

– Laquelle ?

– Ils vous observent. Et selon ce qu'ils détectent, ils modifient ce qu'ils vous transmettent.»

29

J e me suis dirigé vers un comptoir dans un coin de la cuisine pour y ramasser mon sac à dos.

« Vous partez déjà ? » demanda Mike.

Je souris. *Qui suis-je pour ne pas le faire,* pensai-je. *Je veux noter cela avant de l'oublier.*

J'ai défait la fermeture éclair de mon sac à dos et j'ai pris mon carnet de notes *ha-ha!.*

« À quoi ce carnet sert-il ? demanda Mike.

– À noter des moments comme celui-ci, répondis-je en écrivant une note sur l'une des pages vierges. Lorsque j'ai quitté le café, la première fois, mon esprit était si débordant de pensées, d'idées et de "compréhensions" que je savais que j'en oublierais plusieurs si je ne les notais pas. Cette nuit-là, aussitôt que j'ai trouvé le poste d'essence dont vous m'aviez parlé, j'ai acheté un petit calepin et j'ai commencé à noter mes prises de conscience *ha-ha!.*

– Comment déterminez-vous qu'il s'agit d'une prise de conscience *ha-ha!*?

– Je le sais, tout simplement. Lorsque j'entends une phrase *ha-ha!*, ma conscience fait un bond instantanément. Parfois, ce sont de petites choses, comme une information ou une citation. Mais, la plupart du temps, ce sont de grandes vérités, des mots de sagesse, comme ceux que vous venez de me dire. Lorsque je les entends, je sais que si je peux m'en souvenir et les appliquer dans ma vie au moment approprié, ma vie changera en mieux.

– Alors, vous les transcrivez? »

Je fis signe que oui.

« Et qu'en faites-vous?

– Je parcours les pages de mon carnet, le soir, avant de m'endormir. Ou si j'ai eu une journée difficile, je choisis une page au hasard et je commence à lire. Ça m'aide à me recentrer et ça m'inspire.

– J'adore l'idée. Est-ce que je peux voir votre carnet?

– Bien sûr. »

Je lui passai le carnet. Il l'ouvrit à une page et lut tout haut ce qui y était écrit: « Je ne peux jamais le perdre. Pas un instant. Maintenant que je l'ai vécu, il m'appartient pour toujours. »

Mike sourit.

« À quoi faites-vous référence?

– Un matin, en plein cœur de ma première année en voyage, j'ai vécu une épiphanie plutôt impressionnante. C'est une illusion de penser que nous possédons des choses. Les objets se brisent, ils perdent de leur valeur, on se les fait voler...

» Les expériences, toutefois, restent à vous pour toujours. Une fois que vous les avez vécues, personne ne peut vous les enlever. Contrairement à une maison, vous n'avez aucune taxe à payer pour les conserver. Vous n'avez pas besoin non plus de les mettre en sûreté, comme l'or ou les pierres précieuses. Elles sont à vous. Vous pouvez les revivre, encore et encore, autant de fois que vous le souhaitez, n'importe où dans le monde.

» Ce *ha-ha!* que vous venez de lire m'a laissé une forte impression. Il a longuement contribué à transformer ma pensée concernant ce que je voulais faire de l'argent que j'avais gagné. Les choses, les objets sont devenus beaucoup moins importants. Les expériences ont pris le dessus. »

Mike approuva.

« J'aime beaucoup cette vision. C'est amusant que je sois tombé sur ce *ha-ha!* en particulier. L'autre jour, l'un de nos clients m'apprenait quelque chose qui appuie votre épiphanie.

– Qu'est-ce que c'était ?

– Presque un homme sur cinq n'atteint jamais l'âge de la retraite.

– Êtes-vous sérieux ?

– Absolument ! Presque 20 % des hommes meurent avant d'avoir 65 ans.

– C'est incroyable ! Comment ça se fait que je n'ai jamais entendu cela auparavant ? »

J'ai tendu la main. « Est-ce que je peux reprendre mon carnet ? C'est un *ha-ha !* que je veux noter. »

Mike sourit et me rendit le carnet.

« Quelle désolation pour tous ces hommes qui ont épargné encore et encore en prévision de la retraite et qui n'ont jamais pu en bénéficier.

– Et comment ! »

J'ai rapidement noté l'information et j'ai regardé Mike.

« Est-ce que votre client avait d'autres perles de sagesse à partager ?

– Tout à fait. Il avait été invité à une émission de télévision pour parler de ce qui est préférable de faire avec un remboursement d'impôt. Il a fait quelques calculs pour déterminer la meilleure décision à prendre.

– Il s'agit de décider si on le dépense ou si on le place en épargne, non ?

– En quelque sorte. Cependant, et comme vous l'avez découvert avec votre *ha-ha !*, dépenser peut signifier plusieurs choses. Il voulait donner un exemple de ce que ça représentait en ce qui concerne les expériences.

– Et ?

– Plutôt étonnant. Il partit de l'hypothèse que le remboursement d'impôt représentait 5 000 $. La question était donc : "Doit-on dépenser le 5 000 $ ou l'épargner pour la retraite ?"

» Il compila les données historiques du marché boursier. Il fit des ajustements en tenant compte de l'inflation et calcula ainsi la réelle valeur qu'auraient 5 000 $ dans le futur. Puisque le gars a 42 ans, on peut tenir pour acquis que l'argent sera investi pendant encore 23 ans avant la retraite.

– Quel a été le résultat ?

– Comme on pouvait s'y attendre, s'il épargnait l'argent, la valeur augmenterait. Il se retrouverait donc avec beaucoup d'argent à dépenser lorsqu'il se retirerait. »

Mike fit une brève pause avant de reprendre.

« Mais en abordant la situation sous l'angle de l'expérience, la somme finale n'avait pas autant de valeur qu'il le supposait.

– Pourquoi donc ?

– Comme il l'expliqua lors de l'émission de télévision, il réalisa que la décision se résumait ainsi. Il pouvait, dès l'année du remboursement, emmener sa femme et ses deux adolescents en voyage pour trois semaines jusque dans les montagnes Rocheuses. Ils pourraient alors faire des randonnées, pêcher, faire de la descente en canot, sauter en *bungee*, faire du vélo de montagne et une foule d'autres activités. Ce serait un extraordinaire séjour en famille et ils en auraient tous plein de merveilleux souvenirs qui, selon votre *ha-ha !*, seraient à eux pour toujours. »

Mike prit une gorgée d'eau et poursuivit.

« Ou il pouvait économiser l'argent et le laisser prospérer. Vingt-trois ans plus tard, la somme aurait suffisamment grandi pour pouvoir s'offrir deux voyages.

» Seulement, à ce moment-là, ses enfants ne seraient plus des adolescents. Et il aurait perdu 23 ans de rires et de sourires que les souvenirs du voyage auraient fait naître chaque fois qu'il y aurait repensé. Sans parler que c'est beaucoup plus facile de faire de la descente de rivière, des sauts en *bungee* et toutes les autres activités à 42 ans plutôt qu'à 65 ans. Surtout si vous faites partie des 20 % des hommes qui n'atteindront jamais la retraite !

– Sans blague, rectifiai-je. Wow ! Vu sous cet angle, ne pas faire l'expérience du voyage semble être un choix affreux, ajoutai-je, presque incrédule. Êtes-vous sûr que votre client avait fait les bons calculs ?

– Oh oui ! Il me les a expliqués en détail, car en plus d'être un client du café, il est mon planificateur financier, me confia Mike dans un sourire. Il est un magicien des chiffres.

– Et il a raconté cette histoire à l'émission de télévision ?

– Absolument ! Il a bien expliqué qu'il ne disait pas aux gens de ne pas épargner. Il est même un partisan du concept d'épargner au moins l'équivalent de six mois à un an de salaire. Et il ne cherchait pas non plus à décourager les gens d'investir pour leur retraite.

» Toutefois, son message signifiait d'être bien conscients de nos décisions dans la vie. La plupart des gens travaillent pour gagner de l'argent. Alors, investissez-le de façon à ce qu'il produise le vrai rendement que vous souhaitez. Dans l'exemple de mon client, le vrai rendement fut un fantastique voyage en famille qui dura trois semaines et procura de merveilleux souvenirs à tous. La valeur de ce rendement était plus importante à ses yeux que la possibilité incertaine de faire deux voyages du genre dans 23 ans ! »

30

J essica était confuse.

« L'Univers et le GPS de l'auto m'observent ?

– Oui.

– De quelle façon ?

– Les nouveaux systèmes de navigation assistée sont dotés d'une technologie qui utilise les algorithmes et analyse votre comportement. Par exemple, si les restaurants italiens sont une destination fréquente pour vous, le système commencera à dresser pour vous la liste des restaurants italiens sans même que vous le demandiez.

» Ou si vos destinations habituelles sont les parcs nationaux, les chutes d'eau ou les centres commerciaux, il en dressera aussi la liste. Il observe où vous passez votre temps et il vous offre l'occasion d'y passer encore plus de temps.

– Et vous prétendez que l'Univers en fait autant ?

– Tout à fait. L'Univers ne fait pas juste écouter. Il observe.

– Qu'est-ce que ça signifie ? »

Casey ne put retenir un sourire.

« Ça signifie que lorsqu'une personne dit qu'elle veut vivre différemment, avoir plus de liberté, profiter d'un environnement plus agréable, mais qu'elle continue à passer 40 ou 45 heures par semaine dans un petit "cubicule" pour un patron qui la traite misérablement...

– ... tout comme le GPS, l'Univers lui donne encore plus de ce qu'elle semble vraiment aimer, compléta Jessica.

– Exactement ! C'est comme si l'Univers se disait : "Wow ! Regardez tout le temps qu'elle passe à cet endroit ! Elle doit aimer cela ! Donnons-lui-en encore plus !" »

La voix de Casey baissa de ton.

« En passant, ça ne concerne pas seulement le travail. L'Univers surveille tout : le type de relations que nous entretenons, le type de pensées que nous nourrissons... même les expériences que nous vivons et qui sont à la source de ces pensées.

– Ça semble presque vindicatif », dit Jessica.

Casey secoua la tête. « Je comprends que ça puisse sembler vindicatif, mais ça ne l'est pas, cependant. C'est basé sur une seule et simple prémisse : "Nous avons le libre arbitre." Nous choisissons ce que nous faisons, comment nous le faisons, où nous passons notre temps, qui nous côtoyons... Logiquement, nous devrions choisir des activités qui nous apportent des émotions positives, comme la joie, l'amour, la satisfaction, le bonheur, l'enthousiasme... Ainsi, loin d'être vindicatif, l'Univers est plutôt une incroyable présence bienveillante. Selon nos actions, nos pensées et nos intentions, il nous envoie exactement ce que nous démontrons désirer. »

Un frémissement parcourut Jessica. Casey le remarqua.

« Est-ce que ça va ? »

Jessica fit un signe affirmatif.

« C'est puissant.

– N'est-ce pas ? Réaliser qu'à tout moment, nous avons accès à cet incroyable système de guidage... Et que peu importe que nous nous sentions perdus, il peut nous guider vers notre chemin. Réaliser aussi que le système de guidage est dirigé par nous, qu'il répond à nos actions, ce qui signifie que nous ne sommes pas seulement un acteur dans une pièce, mais que nous en sommes aussi le metteur en scène... »

Jessica regarda Casey dans les yeux.

« Comment puis-je me relier à ce système universel ?

– Vous l'êtes déjà ! Et vous ne pouvez jamais perdre le lien. Chaque moment est cocréé par vous et cette force. Vous faites la démonstration de ce que vous voulez, et le GPS universel crée dans votre vie des occasions en lien avec ce que vous voulez.

– Mais je n'aime pas mon lien actuel. Je veux que le GPS universel cesse de m'offrir le genre d'occasions qui se répètent dans ma vie. »

Casey sourit.

« Alors, inscrivez une nouvelle destination. Commencez à démontrer à l'Univers vos nouvelles préférences.

– Est-ce aussi facile ?

– Oui, ça l'est », certifia Casey.

Jessica réfléchit un instant.

« Combien de temps lui faudra-t-il pour qu'il m'offre de nouvelles occasions ?

– Ça dépend. Quelle sera la précision du signal que vous émettrez au sujet de ce que vous voulez vraiment ? Lorsqu'une personne dit qu'elle veut quitter une relation toxique, mais qu'elle continue d'y retourner, le message réel qu'elle envoie est : "Je veux plus de moments dans une relation toxique."

» Ce n'est pas ce que les gens disent qui compte, c'est ce qu'ils font. Tout comme le fait le GPS d'une auto, chacun de nous a enregistré un historique. Au départ, l'historique détermine ce qui nous est offert. Mais lorsque les algorithmes déterminent que vous ne demandez plus les restaurants italiens, mais plutôt les restaurants chinois...

– ... le GPS cesse de proposer les italiens et il commence à nous offrir les chinois, compléta Jessica.

– Exactement ! Il n'essaie pas d'être vindicatif. Il se dit plutôt : "Oh, voyons si je peux encore la convaincre de manger dans un restaurant italien ce soir." »

L'analogie fit rire Jessica.

« Le côté sombre du GPS, se moqua-t-elle.

– Oui, bon, il n'y a pas de côté sombre. Il y a l'apprentissage, l'offre et l'ajustement, toujours basé sur nous-mêmes. »

Le regard de Jessica s'alluma.

« Est-ce que je peux mettre à la corbeille mon historique ?

– Que voulez-vous dire ?

– Sur le GPS de mon auto, je peux effacer mon historique de recherche. Je peux, par exemple, effacer les cinquante propositions de restaurants italiens. Ainsi, je peux entrer de nouvelles recherches. Je n'ai pas besoin de me rendre à 51 restaurants chinois pour que le GPS comprenne que c'est ce que je veux, bien plus que les restaurants italiens. Dès que je me rends à un restaurant chinois, il traite l'information comme étant ma nouvelle préférence. »

Jessica était très enthousiaste, Casey le voyait dans son regard.

« Puis-je faire la même chose avec le GPS universel ? », insista Jessica.

Casey approuva.

« Bravo, Jessica. Vous avez compris l'une des fonctions les plus puissantes du GPS universel.

– Parfait ! Comment puis-je m'en servir ? Comment efface-t-on l'historique ? »

Jessica était survoltée.

« En faisant un changement.

– Non, je ne veux pas juste changer. Je veux effacer mon passé, comme je le fais sur le GPS de ma voiture.

– Ce n'est pas tout à fait le même procédé, Jessica. Votre passé est votre passé. Vous ne pouvez pas complètement l'effacer comme ça. »

Jessica s'assombrit tout d'un coup.

« Mais je croyais que vous aviez dit que je le pouvais ? Vous avez dit que je venais de comprendre l'une des fonctions les plus puissantes du GPS universel... »

31

J'ai écrit quelques notes supplémentaires dans mon carnet.

« C'est une formidable histoire, Mike. Votre planificateur financier semble être un type très intéressant. J'aimerais bien le rencontrer un jour.

– Il est intéressant, effectivement. Il a une vision de son travail bien différente de celle de ses pairs.

– Il semble authentique. Il n'essaie pas de cacher les choses ou de les montrer comme elles ne sont pas en réalité.

– C'est pourquoi il connaît beaucoup plus de succès que ses confrères, ajouta Mike. Et aussi pourquoi il est beaucoup plus heureux qu'eux. Comme il le dit lui-même, c'est difficile d'être heureux si vous passez vos journées à convaincre les gens de faire quelque chose alors que vous savez que ce n'est pas la bonne option pour eux. »

Mike sourit.

« Il fait autre chose aussi. Un truc très puissant.

– Qu'est-ce que c'est ?

– Attendez que je me rappelle bien... je voudrais vous l'expliquer correctement. »

Mike fit une pause avant de se lancer dans une démonstration.

« Bon, alors, disons que vous avez 1 000 $ à investir.

– D'accord.

– La première année, vous enregistrez une perte de 50 % sur votre investissement.

– Ça n'est pas très prometteur.

– Mais l'année suivante, vous enregistrez un gain de 50 %.

– Je préfère ça. »

Mike s'amusa de mes remarques. « Maintenant, dites-moi quel est le rendement annuel moyen de votre investissement après deux ans ? »

J'ai réfléchi quelques instants.

« Voyons voir... moins 50 % la première année, plus 50 % la seconde... Mon rendement moyen est de 0 %.

– Bien. Et combien d'argent avez-vous après deux ans ?

– Mille dollars ! Comme le rendement moyen de l'investissement est de 0 %, j'ai donc toujours 1 000 $. »

J'ai fait une pause. Je savais que ce que je venais de dire n'était pas vrai, mais ça semblait pourtant être la bonne réponse.

« Oh ! Wow ! ai-je lancé au bout d'une minute. Je n'aurai pas 1 000 $. J'aurai beaucoup moins que cela ! »

Mike approuva.

« La confusion momentanée que vous avez eue est la base de l'un des plus intéressants *ha-ha !* que mon ami ait partagés avec moi. Vous avez raison. Vous n'aurez plus 1 000 $, mais vous avez perdu 50 % de votre investissement. Il vous reste alors...

– Cinq cents dollars, ai-je complété.

– Exactement. Puis, vous avez obtenu un gain de 50 % de ce montant. Donc, vous avez ?

– Sept cent cinquante dollars. C'est affreux. J'ai réellement perdu 25 % de mon argent, même si mon rendement moyen de l'investissement au bout de deux ans était de 0 %. »

Mike balança la tête.

« Pourtant, quel chiffre les gens retiennent-ils lorsqu'ils parlent de rendement de l'investissement ?

– Le pourcentage moyen !

– Exactement. C'est le genre de truc qui dérange vraiment mon ami. Ça confond les gens et ne leur donne pas l'image réelle du rendement de leur investissement. Comme ils ont une mauvaise information, ils prennent de mauvaises décisions, et ils ne parviennent pas à vivre la vie qu'ils souhaitent.

» Alors, mon ami fait tout ce qu'il peut pour défaire les mythes afin que les gens puissent prendre de bonnes décisions, des décisions qui leur permettront de combler leur raison d'être autant que possible.

– Sans vouloir trop entrer dans la technicité, puis-je vous poser une question?

– Bien sûr.

– Si le pourcentage moyen de rendement est une donnée erronée à éviter, qu'est-ce que suggère votre ami à la place?

– Quelque chose qu'il appelle le "TCCA", le taux composé de croissance annuelle.

– Mes yeux se plissent déjà, dis-je en riant.

– C'est plus simple que le nom le laisse supposer. Ça signifie simplement que vous prenez ce que vous aviez au départ et vous le comparez à ce que vous avez à la fin, et ça vous donne votre rendement moyen. Vous avez en quelque sort fait cette opération par vous-même dans notre exemple.

– Ah oui?

– Mais oui. Vous avez réalisé que si vous débutiez avec 1 000 $, mais que vous n'aviez plus que 750 $ au bout de deux ans. Vous avez perdu 25 % de votre argent. Ainsi, le rendement réel est de -25 %. »

J'ai noté d'autres *ha-ha!* dans mon carnet. «Donc, si je veux connaître la vérité, je dois demander le rendement réel et non le rendement moyen.»

Mike approuva.

«Comme le dit mon ami, l'une des données est la vérité, l'autre est une bonne façon de masquer la vérité. C'est mieux d'avoir la vérité.

– C'est plutôt triste.

– Qu'est-ce qui est triste?

– Que les gens ne disent pas les choses comme elles sont vraiment.

– C'est l'une des plus grandes aventures dans la vie, John... Réaliser que le compas de la moralité ne pointe pas dans la bonne et même direction chez certaines personnes. Il faut alors vous mettre à la recherche des gens dont le compas de la moralité est aligné sur le vôtre.»

32

« Votre passé est votre passé pour une raison, expliqua Casey. Si ce n'était pas de votre passé, cet instant n'aurait jamais pu se produire.

– Mais je n'aime pas mon passé.

– Ça va. Vous n'avez pas à tout aimer de votre passé. Vous n'avez pas non plus à le revivre. Lorsque vous reconnaissez le rôle qu'il a joué en vous amenant jusqu'à ce moment précis, ici et maintenant, c'est suffisant. »

Casey observait Jessica.

« Lorsque nous prenons suffisamment de recul, nous comprenons que toute chose a un sens. C'est plus facile de le faire lorsque vous connaissez la nouvelle destination que vous souhaitez inscrire dans le GPS universel. Une fois que c'est clair dans votre esprit, vous pouvez voir comment différents aspects de votre passé vous ont préparée à atteindre cette nouvelle destination.

» Vous comprenez que vous n'étiez pas réellement perdue pendant tout ce temps. L'Univers était avec vous constamment, vous aidant, vous guidant, vous préparant au moment où vous découvrirez votre raison d'être et que vous affirmerez : "C'est là que je veux aller."

– Alors, je n'ai pas besoin d'effacer quoi que ce soit ?

– Non, dit Casey en secouant la tête.

– Dans ce cas, pourquoi disiez-vous que c'était une fonction très puissante ?

– Sur le GPS de la voiture, la fonction *Effacer* est efficace. Elle reprogramme l'ordinateur et vous recommencez à zéro. Dans la vie, un changement spectaculaire donne le même effet. Il envoie un message fort et clair à l'Univers pour qu'il commence à recalibrer vos options.

– Qu'entendez-vous par *spectaculaire* ?

– Cela dépend de la personne. Ça peut être de mettre fin à une relation ou, au contraire, d'ouvrir son cœur et de permettre à une nouvelle relation de débuter. Plus le changement est spectaculaire et plus vous investissez du temps et de l'énergie dans le sens de ce changement, plus le signal à l'Univers est fort et précis.

– Donc, plus la réinitialisation est intense aussi ? »

Casey approuva.

« Plus la réinitialisation de votre vie est intense. Démontrez quelque chose avec intensité, clarté et conviction et l'Univers vous répondra de la même façon.

Chapitre 32

– C'est difficile à imaginer.

– Pensez à votre vie jusqu'à maintenant. C'est la façon la plus simple de comprendre tout cela. Lorsque vous réfléchissez sur la façon dont votre vie a changé ou pas à différents moments de votre existence, vous voyez que tout a un sens, que tout se tient. »

Jessica médita un peu sur les paroles de Casey, puis se leva d'un bond.

« Ça va bien ? » demanda Casey.

Jessica fit signe que oui en souriant. C'était le sourire le plus authentique que Casey avait vu sur le visage de Jessica jusqu'ici.

« Je me sens beaucoup mieux que juste bien. Je vois la lumière au bout du tunnel. Je me sens comme... Je ne sais trop... ça peut paraître fou, mais... je me sens comme si je pouvais m'envoler. »

Jessica regarda vers Emma et Sophia dans le bassin où elles s'amusaient.

« Je vais revenir, dit-elle en enlevant ses chaussures.

– Où allez-vous ? » demanda Casey, toute souriante.

Jessica commença à courir vers les fillettes. « Je vais demander à Emma si elle peut m'apprendre à surfer », cria-t-elle en s'éloignant.

 **3 3**

J'ai entendu le son de leurs rires bien avant de voir Casey, Jessica et Emma.

« Quelque chose de bien a dû se produire, dis-je à Mike. L'énergie s'est transformée. Je peux l'entendre à leurs rires. »

Mike le sentit lui aussi et il se leva du tabouret sur lequel il était assis.

« Je suis aussi bien de commencer à préparer les planches de surf. Nous en aurons besoin de deux autres.

– Qui va faire... ? » Je n'ai pu terminer ma question. Mike était déjà sorti. J'entendis : « John ! John ! Voulez-vous venir avec nous ? »

C'était Emma. Elle remontait vers le café en courant, un large sourire sur le visage.

J'ai regardé à travers l'ouverture du comptoir.

« Allo, Emma !

– Voulez-vous venir avec nous ? demanda-t-elle de nouveau. Nous ferons du surf. Jessica m'a demandé de lui enseigner comment faire. Voulez-vous venir ? »

J'ai souri à Emma. Comment Mike avait-il deviné ?

« Absolument ! J'aimerais bien ! »

Jessica et Casey s'approchèrent à leur tour du café. Il y avait bel et bien eu un changement dans l'énergie. Jessica semblait si vivante en comparaison du début de la journée. Elle était souriante. Elle riait et elle était visiblement enjouée. Elle donnait l'impression d'avoir relâché un fardeau qu'elle transportait. Elle semblait si légère qu'on aurait juré qu'elle pouvait marcher dans les airs !

« On dirait que les instants passés sur les balançoires vous ont fait un grand bien », lui dis-je lorsqu'elle fut à la hauteur du café.

Jessica sourit en hochant la tête. « Un bien transformateur ! »

Elle posa ses bras sur le bout du comptoir. « Nous allons surfer », lança-t-elle sur un ton que je ne lui connaissais pas jusque-là. Sa voix comme son attitude pétillaient d'énergie, de vie et de plaisir.

« Vous venez avec nous, John ? demanda Casey à son tour.

Chapitre 33

– J'aimerais beaucoup y aller. En fait, je viens tout juste de le dire à Emma. Mais si quelqu'un a besoin de passer un moment au café, je serai heureux de m'en occuper.

– Pas besoin », répliqua Casey.

Elle entra dans le café et se dirigea vers la porte avant. Je la suivis, intrigué. Après avoir cherché parmi de nombreux éléments sous le comptoir, elle trouva une petite pancarte à laquelle était attachée une corde.

« Parfait ! dit-elle.

– Qu'est-ce que c'est ?

– Un cadeau de la part de l'un de nos clients. »

Elle retourna la pancarte pour me la montrer. C'était une plaque de bois sur laquelle on pouvait lire :

FERMÉ POUR CAUSE DE BIEN-ÊTRE.
DE RETOUR PLUS TARD.

Casey la suspendit à la porte d'entrée, de façon à ce que les gens puissent lire l'écriteau.

« Qu'est-ce que ça veut dire, "Fermé pour cause de bien-être" ? lui demandai-je tandis que nous retournions à la cuisine.

– N'est-ce pas une belle expression ? s'exclama-t-elle en commençant à s'enduire de crème solaire. L'un de nos clients m'apprit cette expression. Il disait que la plupart des gens étaient familiers avec l'expression "Fermé pour cause de maladie". Les gens endurent tellement de choses qu'ils finissent par être malades et sont obligés de faire une pause. Ils passent le temps de cette pause à récupérer de ce qui les a d'abord rendus malades. Puis, ils retournent dans la même condition qu'auparavant.

» Notre client disait que l'une de ses plus grandes épiphanies avait été de se permettre d'arrêter pour cause de bien-être, de temps à autre. Certains jours, sans préavis, lorsque son énergie lui indique que c'est le moment, il s'arrête pour cause de bien-être, et il passe ces journées à faire ce qui le rend vraiment heureux.

– C'est une merveilleuse expression, dis-je en attrapant mon carnet pour la noter. "Se permettre de s'arrêter pour cause de bien-être de temps à autre". »

Casey désigna mon carnet d'un geste de la tête.

« La récolte de la journée est-elle bonne ? demanda-t-elle.

– Elle l'est ! »

Elle referma le bouchon du tube de crème solaire et me le lança : « Allons surfer ! »

Je suis sorti de la salle de bain et me suis dirigé vers la porte arrière. Jessica, quant à elle, sortait tout juste de la salle de bain des dames.

« Prête pour le surf ? lui ai-je demandé.

– Absolument, dit-elle en souriant. Je me réjouis d'avoir apporté mon costume de bain ce matin. Ça me semblait une idée folle au début, mais chaque fois que j'essayais de l'ignorer, une voix me rappelait de le prendre. "Prends-le ! Prends-le !" Maintenant, je comprends pourquoi.

– C'est parfait, répliquai-je. J'ai vécu une expérience similaire en m'éveillant ce matin. Je planifiais seulement de faire une balade en vélo, mais quelque chose me disait de prendre mon costume de bain avec moi, comme vous, en fait. Maintenant, moi aussi, je sais pourquoi. »

Nous sommes sortis du café et avons marché dans le sable, plus loin que les tables. Emma et Mike étaient déjà prêts. Mike avait appuyé cinq planches de surf sur un arbre.

« Où est Casey ? demanda Jessica.

– Elle sera ici bientôt, répondit Emma. Elle surfe déjà très bien, alors elle peut sauter les leçons. »

Au même moment, la porte du café s'ouvrit. Je vis Casey, accompagnée d'une autre personne.

« Wow ! Le soleil est aveuglant », dis-je en me couvrant les yeux de la main. On aurait dit que le soleil venait d'augmenter d'intensité tout d'un coup. J'arrivais à peine à distinguer Casey et l'autre personne.

« Vous avez raison, ajouta Jessica en se protégeant elle aussi les yeux.

– Papa, c'est... », commença Emma.

Mike sourit et se pencha à ses côtés.

« Coconut, te sens-tu capable de donner les premières leçons de surf à Jessica ? Si tu peux t'occuper de la formation sur la plage, je vais aller saluer notre cliente. Je te retrouverai pour les leçons sur l'eau.

– Bien sûr », répondit Emma.

Mike la serra contre lui et déposa un baiser sur sa tête.

« Merci, Coconut !

– Papa, lui dit Emma lorsque Mike se releva. Papa ?

– Qu'y a-t-il ? » répondit Mike en souriant.

Emma fit signe à Mike de s'accroupir de nouveau. Puis, elle lui murmura quelque chose à l'oreille. Il sourit de nouveau. « D'accord », lui dit-il.

Sur ce, Emma courut vers le café. « Je reviens tout de suite », cria-t-elle par-dessus son épaule.

J'ai mis ma main au-dessus de mes yeux pour tenter de l'observer. Mais la lumière du soleil était trop éclatante. Je crus voir Emma donner une accolade à la cliente, mais je n'en étais pas certain. En essayant de mieux voir, j'ai ressenti pendant un court instant quelque chose de familier chez cette cliente, mais la lumière était beaucoup trop aveuglante et j'ai dû fermer les yeux.

« Celle-ci est pour vous, Jessica, dit Mike. John, pourquoi n'essaieriez-vous pas celle-là ? »

Je me suis retourné vers l'océan. Mike était près des planches de surf et nous en proposait une chacune, à Jessica et à moi.

Jessica et moi prîmes possession de nos planches respectives.

« Avez-vous déjà surfé, Jessica ? demanda Mike.

– Jamais.

– Eh bien, aujourd'hui marque le commencement de quelque chose d'étonnant pour vous. »

Elle sourit. « On dirait bien que c'est comme ça depuis le début de la journée. »

Mike lui sourit en retour. « Ça sera encore mieux ! Nous débuterons par la base, ici, sur la plage, à savoir la façon de transporter votre planche. Puis, nous vous amènerons dans l'eau et chevaucherons quelques vagues. Emma a beaucoup d'expérience dans les vagues, tout comme Casey et moi. John ne se débrouille pas trop mal non plus. »

Mike avait raison. Je n'étais pas le plus expérimenté, mais j'avais maintes fois surfé. Je ne lui avais jamais confié cela, cependant. Mais comme pour bien d'autres choses, il semblait le savoir.

« Donc, comment tenir la planche... débuta Mike.

– J'arrive, papa ! J'arrive », lança Emma tout essoufflée.

Nous nous sommes retournés. Elle venait vers nous en courant.

« Je suis là ! »

Mike sourit. « Dans ce cas, je vous laisse entre les mains de l'un de nos meilleurs instructeurs. » Il tapota la tête d'Emma. « Appelle-moi si tu as besoin d'aide. Je te retrouverai sur la plage dans quelques minutes. »

Tandis que Mike se dirigeait vers le café, Emma agrippa sa planche.

« Vous adorerez le surf, Jessica ! dit-elle, tout excitée. Mais avant d'aller dans l'eau, il est important de comprendre les techniques de base. »

Emma déposa sa planche sur le sable.

«Chacun de vous prend sa planche et la dépose à côté de la mienne.»

Jessica et moi avons obéi et placé nos planches sur le sable, face à l'océan.

«Le surf, c'est un peu de technique, un peu d'équilibre et beaucoup de rythme et d'énergie, dit Emma. Je vais vous enseigner la partie technique ici. Le reste, nous le verrons dans l'eau.»

C'était étonnant à quel point cette petite fille de sept ans avait confiance en elle. Elle était si sûre de ce qu'elle connaissait qu'elle pouvait l'enseigner sans être effrayée ou nerveuse le moins du monde, et ce, même si elle était en train d'enseigner à des personnes plus âgées qu'elle d'au moins quelques décennies.

Pendant les vingt minutes suivantes, Emma apprit à Jessica les rudiments de base du surf. Comment transporter la planche, aller vers des eaux calmes au-delà de l'endroit où les vagues cassent, se lever sur la planche lorsqu'elle chevauche une vague, placer les pieds et les bras pour rester en équilibre une fois debout, tomber de façon sécuritaire...

«L'erreur la plus fréquente est de tenter de se mettre debout trop tôt, dit Emma. Rappelez-vous que lorsque vous commencez à ressentir l'énergie de la vague vous propulser vers l'avant, continuez de pagayer avec vos mains! Ce *momentum* n'est que le début de quelque chose de plus fascinant encore. Lorsque vous le ressentez, pagayez ardemment à trois bonnes reprises, puis levez-vous et savourez la glissade sur la vague.

» Si vous essayez de vous lever lorsque vous commencez à ressentir le *momentum*, vous ne serez pas suffisamment installée dans l'énergie de la vague. Votre poids vous ralentira et vous resterez derrière la vague.

– Qu'arrivera-t-il, dans ce cas ? demanda Jessica.

– Vous manquez la vague. Elle roule sous vous et vous vous retrouvez du mauvais côté. De plus, et c'est important, toute l'énergie initiale que vous avez déployée sera perdue, car vous devrez pagayer pour retourner au-delà du point où se brisent les vagues. Lorsque les vagues sont grosses, ça exige beaucoup de temps et d'énergie. »

Emma sourit et fit quelques petits pas de danse. « Et vous voulez passer la journée à surfer, pas à pagayer. »

C'était un bon conseil. Lorsque j'ai appris à surfer, on ne m'avait pas dit de fournir trois bons coups de pagaie avec les bras avant de me lever. Pendant toute une matinée, j'avais manqué les vagues et je m'étais épuisé à retourner au bon endroit.

Jessica sourit. « D'accord, *coach* ! Laisse-moi récapituler la leçon pour être sûre que j'ai tout compris. D'abord, je choisis une vague. Puis, tandis que je demeure étendue sur ma planche, j'utilise mes bras pour me mettre en position pour attraper la vague. Je commence à pagayer avec les mains. Lorsque je sens l'énergie de la vague, je n'arrête pas de pagayer et je donne trois bons coups de pagaie. Puis, je me mets debout et je suis la vague. »

Emma était radieuse. « Exactement ! Vous avez tout compris, Jessica ! »

35

Je ne pus retenir un grand sourire. Depuis ma première visite au Why Café, j'ai maintes fois réalisé à quel point les petites leçons étaient reliées à de plus grandes. Entendre Emma enseigner le surf à Jessica me le rappelait une fois de plus. Tout ce qu'elle disait pouvait se rattacher à la vie.

Choisissez une vague.

C'est la même chose que de choisir ce que nous voulons faire, notre raison d'exister. Ou, en ce qui me concerne, mes cinq grands rêves de vie et puis ma raison d'être, car aller directement à ma raison d'être me semblait un trop grand saut pour que je puisse le réaliser.

Préparez-vous et placez votre planche pour attraper la vague.

Cet enseignement, transposé dans la vie, signifiait de se préparer pour vivre la vie que l'on veut vivre. Il s'agit d'aligner ses pensées, ses émotions et ses actions en fonction de son intention. Il faut être en harmonie avec la vie que l'on veut vivre. Cela peut même vouloir dire de se retrouver physiquement à la bonne place pour vivre les expériences souhaitées ou alors de choisir le bon environnement ou les bonnes personnes pour se donner les meilleures chances possibles de réussir.

Commencez à pagayer.

Agissez! Commencez l'aventure! Essayez! J'ai rencontré tellement de gens qui avaient des rêves si merveilleux, mais qui ne sont jamais passés à l'action pour les réaliser.

Lorsque vous sentez l'énergie de la vague, ne vous arrêtez pas. Continuez de pagayer encore un peu pour vraiment conquérir le vrai momentum.

Combien de fois ai-je vu des gens « abandonner » alors qu'ils étaient sur le point de vivre quelque chose de merveilleux! Leurs peurs les avaient paralysés ou bien ils avaient relâché leurs actions ou leurs intentions. Le *momentum* était à leur porte, mais ils ont abandonné avant d'en profiter. Ils devaient alors déployer tant d'énergie à essayer de le retrouver.

Glissez sur la vague.

Amusez-vous! Si tout ce que vous faites est de pagayer, pagayer et encore pagayer, la vie devient ennuyeuse. Vous vous épuisez. Il n'est pas suffisant d'être constamment prêt à profiter de la vie, il faut concrètement en profiter! Profitez de la vague!

Tout était là. Si simplement. Si profondément. Et tout cela était enseigné par une fillette de sept ans!

Chapitre 35

« D'accord, dit Jessica. Je me sens prête. Lançons-nous à l'eau.

– Avant, nous devons nous exercer, trancha Emma en pointant les planches sur le sable.

– Sur le sable ? demanda Jessica, étonnée.

– Oui, oui. On doit maîtriser la technique dans un environnement sécuritaire comme la plage. Pas de vagues pour nous faire chavirer. Ainsi, lorsque nous serons sur l'eau, vous serez déjà à l'aise avec ce qu'il faut faire et vous ne serez pas effrayée. Bon, tout le monde sur sa planche, et préparez-vous à pagayer ! » lança Emma avec enthousiasme tout en se couchant elle-même sur sa planche.

J'ai souri et j'ai fait comme elle.

Une autre grande leçon de vie, ai-je pensé.

 **36**

«Alors, tout le monde est prêt à surfer ?» lança Mike. Lui et Casey tenaient leur planche sous le bras et avançaient vers nous.

«Presque», avoua Jessica. Elle se retourna vers Emma. «Peux-tu me montrer encore une fois ce mouvement ?

– Bien sûr !» Emma montra de nouveau à Jessica comment se lever de sa planche et se mettre debout puis comment placer ses bras et ses jambes pour rester en équilibre.

«Vous êtes prête, assura Emma. Prochaine étape : les vagues !»

Elle fit quelques petits pas de danse dans le sable. Mike la souleva et la retourna complètement. «Surfer la tête en bas !» dit-il en riant.

Emma éclata de rire et se tortilla dans tous les sens.

«Encore ! Encore ! supplia-t-elle lorsqu'il la déposa sur ses pieds. Encore une fois !»

Mike se prêta au jeu et Emma rit encore plus que la première fois.

« Bon, lança-t-il après avoir redéposé sa fille, allons surfer ! »

Emma mena la parade jusqu'à la mer. Avant de s'y aventurer, elle attacha sa planche à sa cheville avec la courroie prévue à cet effet.

« Ça va ? » demanda Casey à Jessica.

Jessica tentait nerveusement d'attacher sa planche à sa cheville. « C'était parfaitement clair cinq minutes auparavant, répondit-elle. Je me sentais tout à fait prête à surfer. Je me disais même que nous aurions pu aller directement à la mer au lieu de nous exercer sur le sable. Et voilà que je me débats avec mon harnais. »

Jessica regarda l'océan.

« Mon cœur s'agite, avoua-t-elle.

– Il y a une subtile différence entre le sentiment de la peur et celui de la fébrilité, expliqua Casey. Parfois, lorsqu'on ne s'est pas permis depuis longtemps de vivre des moments excitants, on peut confondre les deux.

– Je ne veux pas tomber, dit Jessica.

– Ça fait partie de l'apprentissage pour réussir à se mettre debout, fit remarquer Casey en déposant sa planche sur l'eau. Courage ! Nous serons à vos côtés ! »

Casey me jeta un coup d'œil. Je lui souris en retour.

Chapitre 36

« Vous pouvez le faire, Jessica, dis-je à mon tour.

– Vous n'auriez pas un *ha-ha!* pour l'inspirer, John ? » demanda Casey.

J'étais couché sur ma planche et je commençais à pagayer avec mes bras. Je me tournai légèrement la tête en souriant et j'ajoutai : « Chaque expert a d'abord ignoré tout de ce qu'il allait un jour maîtriser. »

Jessica me sourit. Elle déposa sa planche sur l'eau et s'y étendit. « C'est le temps de devenir une experte ! » dit-elle en commençant à pagayer.

37

Mike et Emma étaient des entraîneurs fantastiques. Ils avaient fait « pratiquer » Jessica dans les eaux calmes, là où les vagues terminent leur course. Mike tenait la planche de Jessica et lui donnait une légère poussée juste au bon moment. Emma se tenait à ses côtés et observait ce que Jessica faisait bien ou les erreurs qu'elle commettait et lui expliquait ensuite de quelle façon les corriger.

Jessica chuta quatre fois de suite. Puis, au cinquième essai, elle resta debout sur sa planche jusqu'à la plage. Bon, ce n'était pas le genre d'exploit dont se vantent les surfeurs, mais Jessica, malgré ses hésitations et ses mouvements incertains, était parvenue à rester debout sur sa planche.

Nous l'avons félicitée comme si elle venait de remporter une compétition.

Petit à petit, vague après vague, elle devenait de plus en plus à l'aise sur sa planche. Elle commençait à démontrer des aptitudes d'expert. Elle n'avait plus besoin que Mike lui fournisse une petite poussée. Elle avait trouvé le moment parfait pour profiter des vagues et elle parvenait à le saisir par elle-même. Au bout d'un moment, et de son propre chef, elle décida de commencer à affronter de petites vagues, un peu plus loin du rivage.

« Elle se débrouille très bien », s'exclama Emma en nous rejoignant, Mike, Casey et moi, plus au large, au-delà de l'endroit où se brisent les vagues, tandis que Jessica demeurait encore un peu en arrière.

« Tu es une bonne entraîneuse, Emma, lui dis-je. C'était gentil de ta part de rester auprès de Jessica aussi longtemps, surtout après qu'on m'a dit que tu préférais les grosses vagues. »

Emma haussa les épaules.

« C'est ce que mon père m'a appris, dit-elle.

– Hé, Coconut, dit Mike en tapotant la planche de sa fille. Je vais retourner auprès de Jessica pour l'aider encore un peu, et toi, si tu veux, suis John et Casey vers les plus grosses vagues.

– D'accord.

– Gardez un œil sur elle, nous dit Mike, à Casey et à moi.

– Pas de problème, Mike, l'assurai-je. De toute façon, c'est presque une détente pour moi actuellement. »

Mike sembla rassuré. « Tu m'appelles si tu as besoin de moi, Coconut. »

Puis, il commença à pagayer vers Jessica.

« De grosses vagues arrivent », cria Emma.

J'ai regardé derrière nous. Une série de grosses vagues se préparait.

« Je te les laisse, dis-je à Emma. Mes épaules ont besoin d'un peu de repos. »

Je me suis assis et j'ai agrippé ma planche. Casey en fit autant. Emma retourna la sienne en direction du rivage et commença à pagayer. Une grosse vague roula sous nous et, pendant un instant, nous ne pouvions voir Emma. Je savais qu'elle devait être en train de pagayer avec vigueur de l'autre côté de la vague. Après un instant, nous l'avons vue debout sur sa planche, surfant sur la vague.

« Elle est bonne », dis-je.

Casey approuva.

« Mike a commencé à l'entraîner au surf dès trois ans. À quatre ans, elle surfait d'elle-même sur le bord du rivage. Et à cinq ans, elle s'attaquait aux grosses vagues, dit-elle.

– Elle a l'air d'en raffoler.

– Ah, ça, c'est sûr ! »

J'ai regardé vers le rivage et j'ai aperçu Mike auprès de Jessica. « Comment va Jessica ? »

Casey sourit. « Vous voulez dire, à part le surf ? »

J'ai fait signe que oui.

« Elle s'en sortira. Elle lutte contre certains démons intérieurs... des croyances sur ce qu'elle est et ce qu'elle a à offrir. Elle y arrivera... Et vous, John, comment allez-vous ? »

J'ai étiré les bras et répondu : « Difficile de ne pas se sentir très bien dans un lieu comme celui-ci, à faire ce que l'on aime. C'est une excellente chaîne.

– Une quoi ?

– Une excellente chaîne », répétai-je avec le sourire.

Casey semblait amusée.

« Et qu'est-ce que ça signifie dans le contexte actuel ? me demanda-t-elle.

– Un jour, j'étais attablé à une terrasse d'un bistrot. J'avais économisé suffisamment d'argent pour partir en voyage de nouveau et je dressais la liste des choses à emporter. À la table voisine, deux personnes discutaient de tout ce qui allait mal dans le monde... Le gouvernement, le système d'éducation, l'abus du travail au noir et des avantages sociaux, le déclin du marché boursier... Pensez à tout ce qui ne va pas dans le monde actuel et dites-vous qu'elles en discutaient dans les moindres détails. Soudainement, en les écoutant, j'ai eu ce formidable *ha-ha!*...

– ... que vous avez écrit dans votre carnet de *ha-ha!*, spécifia Casey.

– Oui, exactement, confirmai-je en souriant.

– Et quel était ce *ha-ha!* ?

– Voyez la vie comme un poste de télévision offrant une centaine de chaînes : comédies, drames, affaires publiques, concours de cuisine, nouvelles, sports... La liste est longue. Vous adorez certaines chaînes, vous en aimez d'autres, vous appréciez certaines autres, mais trois de ces chaînes parmi la centaine vous ennuient ou vous dérangent réellement, au point d'en être même dégoûtée. Vous n'arrivez pas à croire que la diffusion de telles émissions soit permise.

» Mon *ha-ha!* était que plusieurs personnes passent leur vie à regarder les trois chaînes qu'elles trouvent pourtant dérangeantes. Elles en sont renversées au début, mais elles trouvent ces chaînes si indésirables, si insultantes même, en quelque sorte, qu'elles se sentent interpellées à en parler à tout le monde.

» Elles amorcent leurs conversations en parlant de ces chaînes : "As-tu entendu... ? N'est-ce pas affreux, ce qui est arrivé... ? N'est-ce pas terrible, ce que cette personne a fait... ?" Et pour se prouver à elles-mêmes à quel point c'est affreux...

– ... elles continuent à regarder ces chaînes ! ajouta Casey.

– Exactement ! Ça les absorbe totalement. Elles deviennent si obsédées par ces trois chaînes qu'elles détestent, qu'elles cessent de regarder les quatre-vingt-dix-sept autres chaînes. Avec le temps, elles ne pensent même plus à ces autres chaînes, jusqu'à les oublier totalement.

– Alors, cela, dit Casey en désignant le soleil et l'océan, est une excellente chaîne.

– Une incroyable chaîne, repris-je. Je suis certain qu'en ce moment précis, quelqu'un dans le monde est en train de faire quelque chose qui me dégoûte. Je pourrais concentrer mes pensées sur son action injuste, mauvaise ou égoïste. Mais, alors, je passerais à côté de toutes les merveilles qui m'entourent actuellement.

– Donc, vous évitez les chaînes qui ne vous plaisent pas...

– Tout à fait ! Le plus étonnant, c'est qu'avec le temps, j'en arrive à oublier leur existence. Je suis si peu en contact avec ces chaînes que j'ai l'impression qu'elles ne sont même pas à l'antenne.

– Et qu'est-ce que les gens qui sont obsédés par les trois chaînes qu'ils n'aiment pas pensent de votre vision ? »

Je me suis mis à rire.

« J'ai eu cette conversation à plusieurs reprises avec de telles personnes. Elles maintiennent que si personne ne se préoccupe de ces chaînes, rien ne changera. Selon elles, quelqu'un doit bien agir, répondis-je.

– Et... ? »

J'ai ri de nouveau.

« Alors, je leur demande si elles agissent, justement...

– Et comment se termine la discussion ? »

J'ai secoué la tête.

«Pas très bien, admis-je. J'exprime ma vision des choses le plus poliment possible. Je leur dis que je note bien à quel point elles sont passionnées par le contenu des trois chaînes et à quel point elles ressentent que quelque chose doit être fait en conséquence. Alors, je leur demande si elles font, justement, quelque chose pour changer la situation.

– Et?»

J'ai secoué la tête de nouveau.

«Aucune d'entre elles n'agit d'une manière quelconque pour changer les choses, affirmai-je. Toutes parlent abondamment de l'injustice et de l'horreur de ce qu'elles voient sur leurs trois chaînes, mais aucune n'essaie de changer quoi que ce soit.

» Je leur explique donc que, pour ma part, j'ai décidé de ne plus me laisser déranger par ces choses, à moins que je ne décide d'investir mon temps et mes énergies pour tenter de les changer. Ça ne veut pas dire que je les aime ou que je les approuve. Ça signifie seulement que je ne leur accorde plus de mes énergies. Je choisis de regarder d'autres chaînes.

– Qu'en pensent-elles?

– La plupart s'énervent un peu et maintiennent que quelqu'un doit faire quelque chose. Je leur souris et je leur dis que je suis certain qu'elles sont les personnes parfaites pour mener le combat. Toutefois, je leur conseille aussi de laisser tomber et de se concentrer sur autre chose si elles ne désirent pas mener ce combat.

– Comment reçoivent-elles ce conseil?

– Habituellement, elles se fâchent et me disent des bêtises, ce qui me met mal à l'aise généralement. Mais, j'ai un autre *ha-ha!*. »

38

Casey rit de bon cœur.

« Et quel est donc cet autre *ha-ha!*?

– Toute colère est la manifestation de la peur. »

Casey approuva d'un signe de la têtė.

« J'ai réalisé que lorsque nous sommes en colère, si nous nous demandons à nous-mêmes pourquoi nous le sommes, la réponse est toujours la peur. Il faut parfois pousser un peu plus profondément notre réflexion, mais ça finit toujours par la peur.

» Par exemple, quelqu'un lit un article au sujet d'un politicien corrompu qui a accepté de l'argent en échange de son accord pour l'approbation d'un permis de construction d'un nouvel édifice. En lisant l'article, la personne est offusquée. Elle en parle autour d'elle et la colère gagne tous les interlocuteurs. Tous discutent encore et encore des politiciens sans scrupules et de la corruption qui règne partout. À un certain niveau, c'est compréhensible. Le politicien a fait quelque chose d'illégal et c'est injuste. Toutefois, la réaction des personnes est exagérée par rapport à leur expérience personnelle de ce qui s'est passé.

– C'est parce qu'elles ont peur, confirma Casey.

– Exactement. Au plus profond d'elles-mêmes, l'histoire du politicien véreux a allumé un feu de peur. Elles s'inquiètent... Si elles avaient besoin éventuellement d'un permis de construction, elles ne l'obtiendraient sans doute pas, car le politicien l'accorderait à celui qui lui offrirait un pot-de-vin. Elles ne pourraient jamais faire bâtir la maison de leurs rêves.

» Ou, pire encore, elles ne pourraient jamais avoir de maison. Et si elles ne peuvent avoir de maison, elles seront sans abri... elles seront affamées et n'auront pas de toit sous lequel se réfugier... elles ne trouveront pas d'emploi, elles pourraient perdre la garde de leurs enfants... et... et... et...

– Tout cela finit par des peurs qui n'ont plus de rapport avec le problème initial, conclut Casey.

– C'est ce qui est si déroutant. Voilà pourquoi j'ai noté ce *ha-ha!* dans mon carnet. J'ai compris que la colère est le résultat de toutes ces peurs irrationnelles et déplaisantes. Les miennes incluses. Aujourd'hui, lorsque je me sens en colère à propos de quelque chose, je me pose la question suivante : "De quoi ai-je peur en ce moment ?" C'est étonnant avec quelle rapidité je réalise alors que ma colère est alimentée par une quelconque peur irrationnelle et absolument pas reliée à la situation. Alors, je peux abandonner ma colère.

– Toujours ? » demanda Casey.

J'ai souri.

« C'était plutôt difficile au début, lui confiai-je. Je suis généralement *cool*, mais certaines choses me mettaient hors de moi. Et je devenais en colère. Grâce à mon *ha-ha!*, je savais que la colère était en fait de la peur. Je pouvais rationaliser la situation en me disant que la colère ne me menait nulle part et qu'elle ne servait pas un intérêt positif. Mais, j'avoue que c'était bizarre. Quelquefois, il y avait cette partie de moi qui voulait...

– ... s'agripper à la colère ? interrompit Casey.

– Voilà, comme si la colère était le carburant qui alimentait quelque chose. »

J'ai haussé les épaules en riant.

« Quoi ? insista Casey.

– Ce qui m'a grandement aidé à le découvrir, c'est un épisode de voyage, alors que j'étais assis dans la salle d'attente d'un tout petit aéroport en Thaïlande. À la télévision, on passait un vieux dessin animé. Avez-vous déjà vu de vieux dessins animés de *Tom et Jerry* ? Vous savez, les séquences où un ange se tient sur l'une des épaules de Tom et un petit diable, sur l'autre, et où, chacun leur tour, ils essaient d'influencer Tom pour qu'il agisse comme eux le souhaitent ?

» J'ai soudainement réalisé que quelque chose de semblable se passait avec mon sentiment de colère. Une partie de moi, celle qui aime la vie et souhaite grandir et rester en harmonie, réalisait que le vrai pouvoir était dans l'abandon de la colère et de la peur irrationnelle. C'était l'ange sur mon épaule... Bon, disons que je le vois plus comme un petit voyageur sans peur et lumineux prêt à parcourir le monde », précisai-je en souriant.

Casey s'amusa de ma description.

« Et qui se tient sur l'autre épaule ? demanda-t-elle.

– Un petit homme des cavernes très colérique qui est constamment *en mode* survie, du genre fuir ou combattre, vous savez. Il a toujours peur de ce qui pourrait surgir au prochain détour et il amplifie la peur beaucoup plus que nécessaire. »

Casey rit de nouveau et ajouta : « C'est plutôt bien imagé. Une lutte entre le petit voyageur lumineux et le petit homme des cavernes colérique !

– Sauf que la bataille n'a jamais eu lieu, rectifiai-je. C'était le grand *ha-ha !* à l'intérieur même du *ha-ha !.* J'ai pensé que la colère était le carburant alimentant le petit homme des cavernes, mais j'ai réalisé qu'il n'était en fait qu'apeuré. Alors, le lumineux petit voyageur a rassuré le craintif petit homme des cavernes en lui disant que tout allait bien. Et, avec le temps, ils sont devenus des amis et ont voyagé à travers le monde, ensemble. C'est ce que le petit homme des cavernes voulait faire depuis le début, mais il avait peur d'essayer. »

Casey riait tellement que j'ai cru qu'elle en tomberait de sa planche. « Vous avez réellement songé à tout cela ? »

J'ai ri à mon tour.

«Parfois, vous devez être un peu cinglé pour vous sortir de la folie! M'accrocher à une colère irrationnelle était assurément de la folie, admis-je.

– C'est donc ainsi que vous avez composé avec les gens furieux qui demeuraient rivés aux trois chaînes de télévision qu'ils détestaient. Vous avez vraiment perçu que leur colère était en fait de la peur?

– Oui, je pouvais les voir d'une tout autre façon. Je saisissais que plus que tout, ces personnes étaient effrayées. Alors, j'ai essayé d'être comme mon petit voyageur lumineux et amical en leur disant que tout irait bien. Elles n'allaient pas devenir des sans-abris et personne n'allait leur retirer leurs enfants... Tout irait bien.

– Elles ont saisi?»

J'ai haussé les épaules et poursuivi: «La plupart du temps, les gens pensent que je suis cinglé. Mais ça ne me dérange plus. J'ai compris que ça se résume à une décision fondamentale. Si vous êtes si interpellé par quelque chose que vous voulez voir changer, alors changez-le vous-même. C'est merveilleux, car pour certaines personnes, cela devient leur raison d'être. Ça leur donne une raison de se lever du lit chaque jour.»

J'ai fait une courte pause.

«Mais si vous ne souhaitez pas vous investir pour changer quelque chose que vous n'aimez pas, vous êtes aussi bien de concentrer vos énergies et votre temps sur une chaîne qui vous rend heureux plutôt que furieux, ajoutai-je.

– Un trouillard meurt une centaine de fois, mais le brave ne meurt qu'une fois », lança Casey.

Je l'ai regardée sans comprendre.

« J'ai réagi comme vous à cette expression, pendant longtemps, d'ailleurs, reprit-elle. Je l'ai entendue maintes fois depuis mon enfance, mais je n'y trouvais aucun sens. Puis, un jour, je discutais avec un client, au café, et ça m'a sauté aux yeux. Il parlait d'une nouvelle qui le dérangeait énormément. Il déplorait que les gens déjouent autant le système de santé afin d'obtenir des traitements sans payer.

» Comme il le mentionna auparavant, la situation n'était pas reliée directement à sa vie personnelle de tous les jours, mais ça le rendait pourtant furieux. Sa peur, enfouie en lui, le dominait complètement. Et plus il pensait à cette nouvelle et plus il en parlait, plus sa colère augmentait.

– Il mourait une centaine de fois...

– Voilà ! Le trouillard vit dans la peur continuelle que les choses puissent mal tourner. Par ses pensées, il meurt une centaine de fois en esprit. Le brave, lui, réalise la futilité de laisser son esprit sombrer dans une telle spirale de perte de contrôle. Il vit le genre de vie qu'il désire vivre. »

Casey sourit en terminant. « Nous allons tous mourir à un moment ou à un autre. Ça arrivera, c'est certain. Mais la personne brave ne le vivra qu'une fois. »

39

Casey, Mike, Emma, Jessica et moi avons surfé pendant des heures. Lorsque nous nous sentions fatigués, nous retournions sur la plage pour nous reposer et avaler une bouchée. Puis, nous retournions à la mer. C'est incroyable à quel point le temps passe vite lorsque nous faisons ce qui nous rend heureux. La journée fila à toute allure.

La fin de l'après-midi arriva et le soleil commença à décliner lentement à l'horizon. Le ciel prit une teinte rosée. Les rayons du soleil couchant se reflétaient sur les nuages en forme d'oreillers duveteux. Le paysage était parfait, peu importe la direction dans laquelle vous regardiez.

Nous étions assis sur nos planches, loin du mouvement des vagues, et nous admirions le coucher du soleil.

« Je ne peux pas croire que j'ai manqué tout cela jusqu'ici, dit Jessica. J'étais si occupée à être occupée que je n'observais jamais le soleil se coucher.

– C'est encore mieux assis sur une planche de surf, non ? » fit remarquer Mike.

Jessica approuva en souriant. « Oh oui ! »

Nous sommes tous restés silencieux un moment. Les vagues berçaient nos planches, une douce brise chaude balayait l'air, le soleil était incroyablement beau... La perfection !

Jessica brisa le silence dans un cri strident. « Une tortue de mer ! Regardez, une tortue de mer ! »

Instinctivement, j'ai regardé vers Casey. À ma première visite au café, elle m'avait raconté une histoire au sujet d'une tortue de mer verte. La morale de l'histoire était que si nous ne portons pas attention, nous dépensons notre temps et notre énergie sur des choses qui ne comptent même pas pour nous. Alors, lorsque des occasions se présentent pour faire ce que nous désirons vraiment faire, nous n'avons plus le temps ni l'énergie pour les saisir.

Si nous ne rectifions pas la situation, nous nous retrouverons, à la fin, avec une collection d'expériences de vie très différentes de celles auxquelles nous avions rêvé. Casey avait fait cette prise de conscience en observant la façon dont une tortue de mer se comportait selon son environnement.

Cette histoire avait contribué à changer ma vie. Depuis cette nuit au café, elle n'avait pratiquement pas quitté mon esprit une seule journée. Et nous étions de nouveau au Why Café et une tortue de mer verte était là, tout près de nous ! La perfection semblait être encore... plus parfaite ! J'ai jeté un coup d'œil vers la tortue, puis vers Casey de nouveau.

Chapitre 39

Elle me regarda et m'adressa un clin d'œil, en faisant un signe de tête vers Jessica et la tortue.

La tortue venait de faire surface tout juste à côté de la planche de Jessica.

« C'est Honu Honu, annonça Emma.

– Honu Honu ? répéta Jessica, sans comprendre.

– *Honu* veut dire "tortue" en hawaïen, précisa Mike.

– Regardez ! Elle a de petites bosses sur la carapace. Voyez-vous, Jessica ? demanda Emma. Nous l'apercevons à l'occasion dans les parages. Je l'ai appelée "Honu Honu".

– Fascinant ! » dit Jessica. La tortue n'était qu'à un mètre d'elle. Jessica ne la quittait pas des yeux.

« Casey a une très belle histoire au sujet d'une tortue de mer, dis-je à Jessica. Elle pourra sans doute vous la raconter plus tard.

– Vraiment ? interrogea Jessica, le regard tourné vers Casey.

– Bien sûr, répondit Casey. Au retour sur la plage. »

Nous avons regardé Honu Honu pendant quelques instants. Elle glissait dans l'eau sans effort, nageant lorsque les vagues la poussaient et attendant patiemment lorsque le courant était contre elle.

« Le flux et le reflux », ai-je murmuré.

Emma m'entendit. Elle se tourna vers moi et dit : « Qu'est-ce que ça veut dire ?

– C'est le mouvement de l'eau, lui ai-je expliqué. À un moment, le courant te pousse, te guide vers l'avant. C'est le flux. Tu n'as pratiquement aucun effort à déployer. Puis, au moment suivant, le courant revient dans l'autre sens, et il t'entraîne loin de l'endroit où tu veux te rendre.

– Comme lorsqu'on a fini de surfer et qu'on essaie de revenir vers la plage, ajouta Emma. Une vague nous pousse plus près du rivage, et après avoir touché la plage, elle revient et le courant nous repousse.

– Exactement.

– Pourquoi l'avez-vous dit à voix haute au lieu de juste le penser ? »

J'ai souri. « C'est quelque chose que je me répète parfois pour me calmer. Tout comme les vagues sur la plage, la vie bat au rythme du flux et du reflux. »

J'ai regardé Jessica, puis le coucher de soleil. « Lorsque vous êtes au milieu du reflux, tout semble aller de travers. Vous vous sentez repoussé toujours plus loin de votre objectif. Mais le flux suivra. Toujours. Il est plus facile de s'en souvenir certaines fois que d'autres. »

J'ai regardé Emma et ajouté : « Alors, je me suis convaincu que, même si je suis au milieu d'un très fort reflux…

– … le flux revient sous peu », compléta Jessica.

Je l'ai regardée en approuvant d'un signe de la tête. « Tout à fait ! Le flux et le reflux. Le flux et le reflux. Juste à le dire, je me sens plus calme. Ça me rappelle que le flux revient. »

 **40**

L e soleil était presque disparu à l'horizon.

« C'est l'heure de retourner à la plage, Coconut. »

Emma se retourna vers son père. « Deux de plus ! Pouvons-nous faire deux vagues de plus ? »

Mike accepta. « Deux de plus. » Il regarda vers les vagues. « Et en voici une première. »

Une impressionnante vague se gonflait. Mike et Emma placèrent leur planche et commencèrent à pagayer.

Emma nous jeta un coup d'œil.

« Vous venez ? cria-t-elle.

– Je suis partante pour la prochaine », lui lança Casey.

La vague roula sous nos planches et j'entendis les cris de joie d'Emma et de Mike alors qu'ils se levaient sur leur planche.

«Prêt? demanda Casey en indiquant une autre immense vague qui se formait en notre direction.

– Je vous la laisse, lui répondis-je. Je vais me contenter d'une plus petite vague.

– Moi aussi, renchérit Jessica.

– On se revoit à la plage!» reprit Casey en commençant à pagayer. La vague roula elle aussi sous nos planches, et en peu de temps, Casey la chevauchait, debout sur sa planche, en direction de la plage.

Jessica se retourna pour admirer l'océan.

«Ce fut une journée magnifique, dit-elle. Merci de m'avoir convaincue de rester ce matin.

– Ce n'est rien.»

Nous avons observé l'océan tous les deux pendant un moment.

«Vous savez, il fut un temps où j'acceptais d'abandonner le meilleur de mon temps parce que je n'aimais pas vraiment ma vie, lui confiai-je finalement.

– Que voulez-vous dire?

– Je m'assoyais à un bureau le lundi matin et j'espérais pouvoir avancer l'horloge jusqu'à l'heure du départ, le vendredi. J'acceptais de sacrifier cinq jours de ma vie chaque semaine pour arriver aux fins de semaine que j'aimais.»

J'ouvris les bras en désignant l'océan et les surfeurs.

« C'est difficile à imaginer lorsqu'on réalise que nous pouvons faire ceci chaque jour.

– Plus on joue dans son terrain de jeu, moins on veut le quitter, dit Jessica en souriant. Désolée, se reprit-elle, je viens tout juste de réaliser quelque chose à inscrire dans mon propre carnet de *ha-ha !*.

– Et quelle est cette prise de conscience ?

– Si j'étais allée à la plage une fois par semaine, je me serais rappelé à quel point ça me plaisait. J'aurais planifié mon horaire pour y aller régulièrement. Après avoir été six mois sans me rendre à la plage, je ne réalisais plus que ça me manquait. À la place, j'ai accepté de surcharger mon agenda de choses que je n'aimais pas tant que ça. »

Elle me regarda. « C'est sans doute ce qui se passe lorsque vous voyagez, n'est-ce pas ? Vous vous rappelez à quel point vous aimez cela et cette énergie de plaisir vous permet de traverser toute une année de travail avant de partir à nouveau. »

J'ai acquiescé. « Oui. Et j'alimente aussi cette énergie. Lorsque je reviens d'un voyage, j'imprime une ou deux centaines de photos qui me rappellent les meilleurs moments de mes aventures. J'achète du collant à deux faces qui me permet de mettre mes photos sur les murs. Et j'en place partout. Ainsi, que ce soit en me brossant les dents, en faisait des exercices, en déjeunant... je suis entouré de cette énergie. »

J'ai ri et poursuivi : « Et, bien sûr, j'occupe mes fins de semaine à faire de petites escapades. Pas besoin d'attendre toute une année pour vivre quelques aventures de voyage.

– Je veux vivre votre vie ! dit Jessica en souriant.

– Faites-le ! répliquai-je. En ce moment même, il y a des milliers de personnes vivant le genre de vie que vous aimeriez vivre. Pourquoi ne pas être l'une d'elles ?

– Je n'avais pas envisagé cela ainsi.

– Pendant que nous discutons, quelqu'un est en Afrique et observe les éléphants. Une autre personne démarre sa propre affaire, ou retourne aux études, ou choisit de passer plus de temps avec ses enfants... Ça pourrait être vous.

– Ça pourrait être moi..., répéta-t-elle.

– À ma dernière visite au café, Casey m'a remué avec quelques chiffres et statistiques, lui dis-je.

– Vraiment ? demanda Jessica, surprise et amusée.

– Vraiment ! Elle m'a démontré que consacrer ne serait-ce que vingt minutes par jour de mon temps à de petites choses qui n'ont, au fond, que bien peu d'intérêt pour moi, comme les nombreux courriels publicitaires, finirait par me faire perdre une année de vie. Ça m'a fait réfléchir. Alors, voyons si je peux à mon tour vous inspirer avec quelques petits calculs qui me hantent chaque jour.

» La plupart des gens se retrouvent pris dans un piège. Ils pensent que le but de la vie est de gagner de l'argent, de l'économiser le plus possible et puis de vivre la vie de leur rêve lorsqu'ils se retireront à 65 ans. L'espérance de vie est en moyenne de 79 ans. Ça signifie que si vous adhérez à ce plan, vous aurez environ quatorze ans de très bons moments.

» Mais voilà le hic : ces années, selon ce que j'ai pu en observer, ne sont pas tout à fait d'or. Les gens tombent malades, ils ont plus de difficultés à accomplir les tâches, certains de leurs amis meurent... Bien sûr, vous pouvez encore vivre une vie très active et épanouissante après 65 ans. Mais, la réalité n'est pas toujours ces visages heureux, souriants et respirant la santé que nous montrent les publicités. L'âge finit par vous rattraper.

– Alors, faites dès maintenant ce que vous aimez faire..., conclut Jessica.

– Tout à fait. Personne ne pourra jamais vous enlever cette journée. Le surf, le plaisir, les discussions... Le coucher de soleil, la tortue verte... Tous ces souvenirs vous appartiennent pour toujours. Vous les avez mis en banque. Ce qui arrivera après vos 65 ans importe peu, mais vous aurez toujours ces souvenirs.

» J'ai réalisé que le système fonctionne à l'envers. La majorité des gens se font piéger par la peur de ne pas avoir assez d'argent dans l'avenir. Alors, ils s'épuisent à essayer de réussir dans des emplois qu'ils n'aiment pas, négligent les vacances avec les êtres chers, renoncent à leurs fins de semaine... Et pourquoi ? L'espoir de pouvoir encaisser leurs économies en fin de vie ?

» Analysons tout cela en considérant les journées, si vous le voulez bien. Donc, à 65 ans, ces gens partent de leur boulot et commencent à faire ce qu'ils aiment. Les cinq jours de travail par semaine leur appartiennent dorénavant. Donc, ça donne cinq jours par semaine, multipliés par cinquante-deux semaines pendant quatorze ans, ce qui donne...

– Attendez... » Jessica aspergea d'eau sa planche et calcula parmi les gouttelettes. « Trois mille six cent quarante journées... ça m'apparaît beaucoup, finit-elle par trouver.

– Pas du tout, répliquai-je sans hésiter. Combien de journées auriez-vous si vous choisissiez un emploi pour lequel vous êtes payée pour faire ce que vous aimez ?

– Comme surfer ? dit-elle en souriant.

– En ce moment même, à travers le monde, il y a des gens qui sont payés pour surfer. Et il y a des dizaines de milliers de personnes qui sont payées pour graviter autour du domaine du surf. Tous les postes que vous pouvez imaginer en comptabilité, graphisme, photocopie, développement de produit, événement promotionnel, *marketing*, et des milliers d'autres.

– Je pourrais être l'une de ces personnes, dit Jessica.

– Vous, moi et quiconque le souhaite, repris-je. Et combien de journées auriez-vous alors ? »

Jessica aspergea de nouveau sa planche pour calculer.

« Voyons voir... de 22 à 65 ans, ça nous donne...

– À vrai dire, c'est plutôt de 22 à 79 ans, rectifiai-je. Ces personnes accomplissent du bon boulot et elles méritent leurs années de retraite, elles aussi.»

Jessica reprit ses calculs.

«Quatorze mille huit cent vingt!

– Quatre fois plus, dis-je. Et vous n'avez pas besoin d'attendre à la fin pour en profiter.

– Alors, pourquoi ne le faites-vous pas vous-même? me demanda Jessica. Vous travaillez durant un an avant de partir durant l'année suivante...

– C'est un processus continuel en ce qui me concerne. J'ai commencé par lâcher prise et prendre toute une année en sabbatique. Aujourd'hui, je travaille un an et je voyage l'année d'après. C'est ma méthode, dis-je en souriant. Je suis devenu un peu fainéant dans ma quête de la méthode parfaite, celle qui me permettrait de continuer à voyager pendant une année complète sur deux tout en m'offrant de mettre en banque de merveilleux souvenirs durant mes années de travail. Le retour au Why Café m'inspire, cependant. Il est temps de passer à la prochaine étape. Je sais qu'elle m'attend.»

Jessica sourit. «Quelqu'un le fait... ça pourrait être vous!»

J'ai éclaté de rire. «Ça pourrait être moi.»

41

« C'était extraordinaire, lança Emma. Est-ce que vous nous avez vus sur la dernière vague ? »

Elle et son père avaient chevauché une grosse vague et ils pagayaient vers nous pour se préparer à la prochaine.

« Jessica, voulez-vous surfer à mes côtés pour la dernière vague, demanda Emma. On peut choisir une plus petite vague, si vous voulez. »

Jessica sourit. « D'accord, *coach* ! Tu me le dis lorsque tu es prête ! »

Mike tapa doucement sur la planche d'Emma.

« Hé, Coconut, que dirais-tu si nous faisions un petit *luau* à quatre personnes, après le surf ? On pourrait faire un feu sur la plage et y prendre le repas.

– Oui ! Oui ! Oui ! répliqua Emma en se tortillant sur sa planche. Est-ce que je peux inviter Sophia et Tutu ? »

Mike sourit et dit : « Parfait. Alors, ce sera un *luau* à six personnes.

– Vous adorerez cela, Jessica, assura Emma. C'est très amusant. Nous cuisinons, nous admirons les étoiles et nous dansons ! »

Jessica eut une hésitation.

« Vous n'êtes pas obligée d'accepter... », précisa Mike en notant l'hésitation de Jessica.

Elle sourit. « Non... Je... Je veux y être. » Elle me jeta un regard. « Quelqu'un va s'amuser ce soir lors du *luau*, non ? Alors, aussi bien que ce soit moi ! »

Je lui ai souri.

« Exactement ! Aussi bien que ce soit vous ! lui dis-je.

– C'est le temps de se placer », dit Emma en tapant sur la planche de Jessica.

Jessica jeta un coup d'œil à la vague qui s'approchait. « Compris, *coach* ! »

Emma et elle placèrent leur planche et commencèrent à pagayer avec leurs bras.

« On se retrouve sur la plage, papa ! cria Emma à son père.

– D'accord, cria Mike en retour. Informe Casey de l'idée du *luau* ! »

La vague roula sous nos planches encore une fois. On entendit les rires d'Emma et de Jessica alors qu'elles la chevauchaient, en route pour la plage.

Chapitre 41

« Comment avez-vous fait, Mike ? lui ai-je demandé. Elle est vraiment une enfant spéciale. »

Il sourit. « Merci. Ce fut une magnifique expérience. Comme je vous le disais, ce n'est pas pour tout le monde. Pour certaines personnes, d'autres genres d'aventures sont plus en harmonie avec leur raison d'être. Pour moi, cependant, ce fut une merveilleuse aventure.

– Si je regarde à quel point vous vous amusez avec elle, ça me semble difficile de penser que ce n'est pas en harmonie avec les aventures de tout un chacun », affirmai-je.

Ma remarque fit rire Mike. « Peut-être êtes-vous en train de réaliser que ça fait partie de votre raison d'être ! »

J'ai souri. « Je n'avais vraiment pas pensé à cela avant. Mais, depuis un an ou deux, j'ai commencé à y songer. Et vous observer, vous et Emma... Je crois que j'y songe encore plus. Est-ce aussi agréable que ça semble l'être ? »

Mike acquiesça. « Comme la plupart des choses dans la vie, John, c'est aussi agréable que vous permettez que ce le soit. Avant de devenir un papa, j'ai fait des choix conscients au sujet du genre de père que je voulais être. Ces choix m'ont bien servi.

– Quels genres de choix ?

– Eh bien, l'un d'eux était de réaliser que les bébés ont déjà leur propre esprit dès leur arrivée. Aussi forte que puisse être la tentation de considérer Emma comme étant mienne, la vérité, c'est qu'elle est une personne à part entière qui n'appartient à personne. Elle possède sa propre énergie et son propre chemin.

» Elle est à moi du point de vue biologique... Je suis son père et elle est ma fille. En même temps, dès le tout premier instant où je l'ai vue et tenue dans mes bras, je savais qu'elle était bien plus que cela. Elle était un esprit par elle-même. Elle arrivait sur cette terre avec sa propre destinée devant elle. »

Il hésita et dit : « Je ne sais pas si cela a un sens pour vous. Avant que je le vive moi-même, je ne suis pas certain que c'en aurait eu pour moi. Disons que je vois les choses ainsi : elle est mon enfant et je donnerais ma vie pour elle à la seconde même où il le faudrait. En même temps, je ne la possède pas. J'ai simplement eu le grand privilège d'être l'une des personnes qui prend soin d'elle et qui est là pour elle.

– Et qui lui apprend des choses ?

– Oui, parfois, répondit Mike. Nous avons tous quelque chose à partager. Sous cet angle, mon rôle est parfois d'être un enseignant pour elle... et aussi souvent, sinon plus, elle me retourne la faveur et m'enseigne à son tour », conclut-il en souriant.

42

« V raiment ? ai-je repris. Je n'avais jamais considéré cet aspect.

– C'est ainsi si vous permettez que ce le soit, expliqua-t-il. Ça exige beaucoup de lâcher-prise. Vous savez, l'ego, la société et l'historique culturel tentent de vous convaincre qu'à titre de parent, vous en savez beaucoup plus que votre enfant. On n'a qu'à penser à certaines expressions qui circulent encore dans la société.

– Les enfants doivent être vus, pas entendus..., dis-je instinctivement.

– Voilà un bon exemple. Ça suppose que les opinions et les pensées de l'enfant sont moins importantes que celles de l'adulte. Mais, c'est totalement faux. Si vous acceptez d'interagir avec l'enfant sur le plan de la personne ou, encore mieux, sur le plan de l'âme, vous découvrirez qu'il y a énormément de choses à partager de part et d'autre. »

Mike sourit.

« Lorsqu'elle avait cinq ans, j'ai emmené Emma en Afrique. Emma est le type de personnalité qui aime bien être avertie "à l'avance" de ce qui l'attend. Par exemple, si nous sommes à la plage et que je lui annonce que nous devons partir immédiatement, elle devient stressée et réagit en conséquence. Ce n'est pas agréable, disons. Toutefois, si je l'avise que nous partirons dans cinq minutes, elle ramassera ses jouets elle-même et sera prête à partir.

– Je me reconnais dans ce type de personnalité, lui confiai-je. J'aime bien savoir à l'avance ce que je dois faire.

– Moi aussi, pour être franc, avoua Mike. Elle tient peut-être cet aspect de moi, mais je ne le pense pas vraiment. Je crois qu'elle est arrivée dans cette vie avec ce trait de personnalité bien à elle. Elle ressent l'énergie et elle n'apprécie pas celle du stress.

» Mais peu importe... puisque je connais cet aspect d'elle, je l'ai avisée "à l'avance" que pour nous permettre d'aller en Afrique, elle devrait accepter de recevoir des vaccins. Au début, cette approche fit l'effet contraire. Elle n'aime pas les vaccins, elle a alors décidé qu'elle ne voulait plus aller en Afrique.

– Et par la suite ? »

Mike sourit de nouveau.

« Nous nous sommes enseigné mutuellement quelque chose, elle et moi. Lorsqu'elle m'a annoncé qu'elle ne voulait plus aller en Afrique, une partie de moi ressentit de la colère pendant une seconde.

– Vous ? dis-je, surpris.

– Ces vieux schémas sont enfouis en chacun de nous, dit Mike. Il faut simplement les reconnaître pour ce qu'ils sont. Ils ne sont pas la vérité ni la bonne attitude. Ils ne sont que de vieux schémas vécus dans notre enfance ou logés dans notre subconscient parce que nous en avons été témoins.

– Lorsque vous avez ressenti cet élan de colère, de quoi aviez-vous peur ?

– Excellente observation ! nota Mike. Je suppose que c'est l'un de vos *ha-ha !* inscrits dans votre carnet..., dit-il en riant. Vous avez raison. Toute colère est la manifestation d'une peur quelconque. Mon bref sursaut de colère était relié à la peur de ne pas aller en Afrique.

– Qu'avez-vous fait ?

– Il y a des moments dans la vie où vous devez prendre une décision. Je pouvais adopter le rôle du parent dominant et lui faire un sermon. Je pouvais laisser libre cours à ma colère sans réfléchir... »

Mike changea le ton de sa voix, imitant un parent en colère. « Sais-tu la chance que tu as d'aller en Afrique ? Combien d'enfants de ton âge ont la chance d'aller voir les animaux ? Et tout ce que tu fais, c'est te plaindre ! Eh bien, tant pis ! Nous n'irons pas en Afrique ! Et tu ne regarderas plus jamais ton émission favorite sur les animaux à la télévision...

– Oh, c'est pénible d'entendre ça, même en sachant que vous faites semblant, lui dis-je.

– Je sais. Lorsque j'ai décidé du genre de parent que je voulais être avant la venue d'Emma, c'était l'un des aspects que je voulais éviter.

– Alors, qu'avez-vous fait à la place ?

– Lorsque Emma m'a dit qu'elle ne voulait pas aller en Afrique, je l'ai assise sur mes genoux et je l'ai enlacée dans mes bras. Sur un ton de voix calme et doux, je lui ai dit que je la comprenais, que moi non plus je n'aimais pas les vaccins. Puis, je lui ai expliqué que les aventuriers – ce qu'elle était, en réalité – ne pouvaient laisser de petits désagréments les empêcher de vivre de grandes aventures.

» Recevoir un vaccin n'est pas agréable. Mais ça ne dure que cinq minutes au plus. Oui, le bras est endolori quelque peu, mais je lui ai rappelé que la douleur s'atténue en mangeant une glace pour célébrer le fait qu'elle serait alors prête pour partir en Afrique.

» L'idée, c'est de saisir que recevoir un vaccin est un petit inconvénient en comparaison d'une aventure en Afrique au milieu des animaux.

– C'est ce que vous lui avez enseigné ?

– Effectivement. Puis, je lui ai demandé ce qu'elle en pensait.

– Et elle a accepté ? »

Mike confirma d'un signe de tête.

« En passant, ajouta-t-il, nous devons constamment affronter ce genre de situation dans nos interactions avec les autres. Que ce soit entre un parent et un enfant, entre deux adultes, entre un patron et un employé... Chaque jour, à chaque instant, nous pouvons choisir la noble voie, où nous prenons le temps de nous relier à l'autre personne et de considérer sa perception de la situation. Ou nous pouvons laisser notre peur devenir de la colère et essayer d'imposer notre vision ou notre façon d'agir.

– Donc, vous êtes allés en Afrique.

– Et une fois là-bas, Emma m'enseigna exactement la même leçon », avoua Mike.

Je ne pus m'empêcher de rire.

« Vraiment ? lui dis-je.

– Oh oui ! Nous avons eu de merveilleux moments là-bas. Un jour, cependant, j'étais épuisé après une longue journée de route. Nous étions en déplacement depuis environ quatre semaines, et cette journée-là, nous venions de rouler durant cinq heures sur une route chaotique et dangereuse. Nous avons finalement atteint le campement temporaire que nous voulions rejoindre, mais le camp était plus désuet que je le pensais. Il n'y avait presque rien.

» Il commençait à faire noir et je m'inquiétais de ne pas pouvoir nous installer correctement avant la nuit. De plus, j'avais espéré qu'il y aurait un endroit pour acheter de la nourriture, mais il n'y en avait aucun. Même si nous transportions avec nous des provisions, je me demandais ce qu'Emma allait manger.

» En essayant d'installer notre tente, je n'arrivais pas à placer les ancrages dans le bon alignement. À trois reprises consécutives, la tente s'affaissa. Je me sentais dépassé, complètement dépassé par la journée, par le moment... Tandis que j'essayais de remettre les choses en perspective en prenant de profondes respirations, Emma s'approcha et entoura mes jambes de ses bras.

» Elle pouvait ressentir ma frustration et me demandait si j'allais bien. Je lui ai dit que j'étais seulement frustré à cause de la tente que je n'arrivais pas à installer. "Papa, m'a-t-elle dit avec sa petite voix enjouée, tu ne peux pas laisser de petits désagréments t'empêcher de vivre de grandes aventures. Monter la tente est un petit désagrément; être ici, en Afrique, est une grande aventure. Nous finirons bien par installer la tente, mais nous devons être reconnaissants de ce voyage en Afrique qui nous donne l'occasion de vivre des expériences et de voir les animaux. Il n'y a pas beaucoup de gens qui le font, et nous, nous sommes ici". »

Mike rit en repensant à la réplique de sa fille et secoua la tête.

« Ce n'étaient pas seulement ses paroles, qui étaient parfaitement choisies, qui m'ont remué, poursuivit-il, mais aussi sa façon de s'exprimer. Son intervention était si à propos, si aimante, si enthousiaste et tellement sage. Et tout cela venait de la bouche d'une fillette de cinq ans. Je l'ai prise dans mes bras et nous avons tournoyé ensemble une douzaine de fois, et une autre douzaine de fois après qu'elle eut dit: "Encore! Encore!"

– Êtes-vous finalement parvenu à dresser la tente?

– Nous avons dressé la tente, mangé, bien dormi et, le lendemain, nous avons poursuivi l'aventure.

– Je n'arrive pas à vous imaginer frustré ou en colère, dis-je. Vous semblez toujours si calme, comme si rien ne vous troublait. »

Il rit. « Je suppose que c'est la meilleure version de moi-même, la plus authentique. J'essaie d'être ainsi à chaque instant et je fais de mon mieux pour demeurer dans cet état le plus possible. » Il haussa les épaules. « Mais il y a des moments où je ne suis pas à la hauteur de cette meilleure version. Je n'en suis pas heureux et je m'efforce de ne pas demeurer dans ce type d'énergie.

– Comment y parvenez-vous ?

– En étant l'observateur de ce qui se déroule, et pas juste un acteur. »

43

Emma et Jessica avaient atteint la plage. Elles transportaient leur planche. Le soleil était complètement disparu et le reflet rosé sur les nuages se dissipait graduellement.

Jessica se retourna vers l'océan.

« Merci, Emma, dit-elle en souriant. Ce fut l'une des plus belles journées de ma vie.

– Super ! Pourriez-vous revenir demain ? Nous pourrions refaire du surf ! »

Jessica se mit à rire. Ça semblait si évident !

« Faites ce que vous aimez, et ne faites pas ce que vous n'aimez pas, dit Emma. C'est ce que mon père m'a appris et c'est tout à fait vrai. Puisque vous aimez surfer, refaites-le !

– Bon conseil, *coach* ! » répliqua Jessica. Elle admira la beauté du paysage, le ciel, l'océan... « Une dernière leçon de sagesse à propos du surf pour moi ? »

Emma réfléchit quelque peu. «Eh bien, puisque le surf est nouveau pour vous, je vais vous confier quelque chose que mon père m'a enseigné lorsque j'étais petite et que je n'ai jamais oublié.»

Jessica s'efforça de retenir un rire. Elle était amusée d'entendre une petite fille de sept ans parler du temps où elle était petite.

«Je suis prête, dit Jessica.

– D'accord! C'est un mot à se rappeler, mais chaque syllabe signifie quelque chose. C'est pour nous aider à nous souvenir des leçons qui s'y cachent. Le mot est *invariable*.

– *Invariable*?

– Exact! Je ne comprenais pas ce que ça signifiait lorsque mon père me l'a dit, mais il m'a expliqué que les leçons cachées dans ce mot ne changeront jamais, qu'elles seront toujours vraies et qu'elles m'aideront à être plus sage. Elles sont invariables, quoi!»

Jessica sourit.

«Et qu'est-ce qui se cache dans le mot *invariable*?

– La première syllabe, *in*, renvoie à l'"intuition". Les grands surfeurs se fient beaucoup à leur intuition pour choisir une vague et la façon dont ils l'aborderont. Ils font un avec elle au lieu d'en être séparés. Voyez-vous, certaines personnes au début n'utilisent pas du tout leur intuition. Elles s'inquiètent à chaque geste accompli et se demandent ce qu'elles doivent faire ensuite. Ces gens tombent souvent!»

Jessica apprécia l'explication.

« Bien compris. Voilà pour la syllabe *in*.

– La syllabe *va* nous rappelle les vagues. Elle signifie qu'il y a toujours d'autres vagues. Mon père m'a expliqué que si je suis fâchée d'avoir manqué une vague, pendant que je reste assise sur ma planche à ruminer mon erreur, je manque deux vagues de plus. Si vous manquez une belle vague, admirez-la tandis qu'elle s'éloigne et soyez heureuse d'en avoir été témoin. Mais ne perdez pas votre temps à regretter de l'avoir manquée, car il y aura toujours une autre vague.

– Toujours une autre vague... j'ai saisi le message de la syllabe *va*.

– La syllabe *ri* est pour "rigueur". Il faut commencer modestement, mais avoir la rigueur nécessaire pour s'améliorer.

– C'est ce que tu as fait pour moi aujourd'hui, dit Jessica.

– Ouais. Mon père a commencé à m'enseigner le surf dans les eaux plus calmes, où les vagues s'éteignent doucement. Je suis restée à ce niveau un bon moment. Puis, c'est devenu un peu ennuyeux et j'ai voulu aller dans les vraies vagues. Alors, mon père m'a emmenée dans les petites vagues. Avec le temps, les petites vagues m'ont ennuyée, et maintenant, je surfe sur les grosses vagues. Un jour, je vais m'entraîner pour rouler à l'intérieur de la vague, comme les pros, mais pas tout de suite.

– Ça semble être hallucinant, non ? Surfer à l'intérieur d'une immense vague..., renchérit Jessica. J'arrive à peine à imaginer comment on peut se sentir à l'intérieur d'un si petit espace circulaire avec toute cette masse d'eau qui roule au-dessus de soi. Il faut une grande confiance en soi et du contrôle pour rester debout sur sa planche et glisser jusqu'à l'extérieur de la vague. »

Emma était d'accord. « Ça semble vraiment fabuleux ! C'est pourquoi je veux le faire un jour. Je dois juste m'améliorer et m'exercer. J'ai connu des adultes qui ont essayé de le faire avant d'être vraiment prêts et qui ont été sérieusement secoués. Ils n'essaieront sans doute plus jamais. Et ils ne sont pas si vieux que ça ! »

Jessica sourit et Emma poursuivit la leçon : « Ensuite vient le *a*. Il nous rappelle d'avoir l'audace de demander. Mon amie, Sophia, et moi le faisons constamment. Nous observons les meilleurs surfeurs et nous leur demandons des conseils.

– Et ils vous aident ?

– Pas toujours. Quelques-uns ne le font pas. Mais la plupart sont très gentils. » Elle haussa les épaules. « Ne laissez pas les petits inconvénients vous priver de grandes aventures ! Ceux qui ne sont pas gentils, ce sont les petits inconvénients. Au début, nous trouvions cela moche, mais maintenant nous allons simplement demander à quelqu'un d'autre. Pouvoir surfer sur les grosses vagues, c'est la grande aventure. On ne veut pas rater cela juste parce que quelqu'un n'a pas été gentil.

– D'accord, j'ai compris. Ensuite ?

– Il reste la syllabe *ble*, qui veut dire deux choses. Peut-on parler du *b* en dernier ? C'est ma portion favorite !

– Aucun problème ! accepta Jessica, amusée. Alors, que signifie *le* ?

– Il symbolise la lenteur du début de l'apprentissage. Chaque grand surfeur ne savait pas au début comment se tenir sur une planche de surf, chacun a commencé lentement, par le début. C'est difficile à croire lorsqu'on voit à quel point ils sont bons maintenant, mais c'est pourtant vrai. Au début, ils ne savaient même pas comment se mettre debout sur leur planche. Ils l'ont appris lentement. Si eux ont pu le faire et devenir aussi bons, je le peux, moi aussi. »

Jessica approuva. Ça lui rappelait le commentaire de John au sujet de devenir un expert dans un domaine. « Parfait, *coach* ! Et le *b*, votre leçon favorite ? »

Emma sourit et cria à pleins poumons : « *B* ! Comme dans bouger ! La seule façon de bousiller une journée de surf, c'est de ne pas surfer. Alors, bougez et allez surfer ! »

Et là-dessus, elle se mit à danser et à gesticuler de joie.

Jessica éclata de rire.

« Vous pouvez bouger, vous aussi, et faire la "danse du surf" avec moi, suggéra Emma. C'est comme cela que je l'appelle. Je l'ai inventée. Vous n'avez pas besoin de connaître tous les pas, vous n'avez qu'à faire de votre mieux. »

Jessica bougea les pieds. Elle se sentait maladroite, comparée à Emma qui bougeait librement et avec fluidité. *Allez, bouge, simplement*, se dit Jessica, *bouge* ! Et pour les quelques minutes suivantes, elle se permit de danser la danse du surf, librement et sans se juger.

44

L e ciel s'assombrissait. Bientôt, il allait faire nuit.

Mike regarda le ciel. « Il serait temps de rentrer », dit-il.

Il avait raison, je le savais. Mais, je sentais aussi qu'il y avait quelque chose d'important derrière son commentaire. Quelque chose à propos du fait d'être l'observateur du moment présent, et non seulement l'acteur.

« Vous n'auriez pas un petit exemple à me donner à propos du fait d'être un observateur ? lui ai-je demandé. Après, nous pourrions attraper une dernière vague. J'ai l'intuition que vous avez une bonne histoire sur ce sujet. »

Mike aspergea sa planche et sourit.

« D'accord, dit-il. Une petite histoire. Elle ne décrit pas l'un de mes moments les plus brillants, mais elle figurerait sûrement dans mon propre livre des *ha-ha!*.

» Durant un voyage, Emma et moi avions besoin de nous rendre jusqu'en Australie. Sur place, nous avions loué un petit motorisé. C'était en fait une camionnette dans laquelle on pouvait dormir. C'était une nouvelle expérience. Nous avions fait déjà du camping et nous avions apprécié. Alors, nous avions pensé que ce serait bien d'essayer une autre façon de le faire grâce à ce véhicule. Ça nous semblait une idée amusante, et je suis persuadé que ça l'est pour beaucoup de gens.

– Mais pas pour vous deux... », conclus-je.

Il secoua la tête. « Pas pour nous. C'était trop difficile d'y dormir. Je ne sais pas pourquoi, mais c'était trop petit et la configuration de l'intérieur du véhicule n'avait pas été bien pensée. Mais le pire, c'est que, pour une raison quelconque, nous nous sommes tous les deux réveillés au milieu de la nuit avec le besoin d'aller à la toilette.

– Pas une bonne chose !

– Non. Particulièrement lorsque ça signifie sortir du véhicule et marcher en pleine nuit jusqu'à l'aire des toilettes publiques. Nous étions habitués à vivre certains inconforts, mais cette fois, c'était plutôt désagréable.

– Qu'est-il arrivé ?

– Jusque-là, Emma avait été une excellente compagne de voyage. Elle ne se plaignait jamais et elle conservait toujours une attitude positive. Après trois semaines de nuits entre-coupées de nos promenades jusqu'aux toilettes, elle a éclaté. Elle s'est réveillée une nuit, à deux heures du matin, et elle s'est mise à pleurer. J'avais beau lui dire que tout irait bien, elle pleurait sans arrêt, et très bruyamment.

» J'ai fouillé dans le véhicule pour trouver ses chaussures et je lui ai mises aux pieds. Puis, toujours au milieu des pleurs d'Emma, j'ai frénétiquement cherché les miennes et je les ai enfilées. Je l'ai prise dans mes bras et je l'ai transportée jusqu'au bâtiment des toilettes, ce qui prenait tout près de cinq minutes. Et tout ce temps, elle pleurait abondamment et très bruyamment.

» Vous savez comme moi, John, que ces aires de repos accueillent toujours de nombreux voyageurs qui s'y arrêtent pour la nuit et dorment dans leur véhicule, eux aussi. C'est très ennuyeux lorsque vous vous faites réveiller par quelqu'un qui est bruyant. J'étais donc conscient que les pleurs et les cris d'Emma réveilleraient tous ces gens. Et à deux heures du matin ! »

J'ai fait signe que je comprenais.

« Et ensuite ? demandai-je.

– En atteignant les toilettes, j'étais persuadé qu'elle se calmerait, mais ce ne fut pas le cas. Ça ne lui ressemblait pas. Elle était incapable de se contrôler. »

Mike secoua la tête.

« Je n'ai jamais aimé agir de la sorte, dit-il, parce que je trouve que ça établit de mauvais schémas, mais j'étais si préoccupé par les autres personnes autour que j'ai essayé de la faire taire en la menaçant de lui retirer quelque chose qu'elle aimait. Ma voix devint très posée et directive. Je lui ai dit que si elle ne cessait pas de pleurer, elle ne pourrait pas jouer avec son jouet favori le lendemain.

– Et cela a fonctionné ?

– Pas du tout. Elle pleurait et se lamentait encore plus fort. Alors, je l'ai avertie de cesser de pleurer, sinon nous n'irions pas au sanctuaire animalier le lendemain. Elle attendait cette visite depuis une semaine.

– Et ?

– Ça l'a fait pleurer encore plus. »

Mike aspergeait négligemment sa planche, en secouant la tête.

« J'affichais alors la plus mauvaise version de moi-même. Ça ne correspondait pas au type de personne que je suis, ni au genre de père que je suis, avoua-t-il.

– Qu'est-il arrivé par la suite ?

– J'ai vraiment vu Emma ! »

Je regardai Mike d'un air intrigué.

« Que voulez-vous dire ?

– Ce fut si puissant, tellement surréel ! Un cadeau venu de je ne sais où. Nous étions rendus aux toilettes. J'avais assis Emma sur le siège, mais elle était si épuisée que je craignais qu'elle tombe à la renverse. Alors, je me suis agenouillé devant elle et je l'ai tenue.

» C'est à ce moment que je l'avais menacée de ne plus aller au sanctuaire animalier. Mais, en lui proférant cette menace, quelque chose s'est passé. En plus de dire ces paroles, je les ai aussi entendues comme si une autre personne les avait prononcées. J'étais un observateur de la scène tout en y participant. Et dans ce rôle d'observateur... »

Mike dut s'interrompre un instant. Je pouvais voir à quel point ce souvenir le rendait émotif. Il voulut recommencer à raconter l'histoire, mais il avait la voix éteinte par l'émotion, et il dut attendre encore un peu. Puis, il me regarda et me sourit.

« Et dans ce rôle d'observateur, poursuivit-il, j'ai vu ce tout petit être humain. Elle était si épuisée et avait été si courageuse et positive jusque-là. J'ai vu son âme et son esprit, j'ai ressenti toute la douleur qui se trouvait en elle. Je l'ai ressentie à partir d'un endroit au fond de mon cœur dont j'ignorais même l'existence. Mon cœur s'attendrit tellement que je crus qu'il allait exploser.

– Qu'avez-vous fait ?

– J'ai essuyé les larmes sur ses petites joues et j'ai déposé sa tête sur mon épaule en lui disant que tout allait bien. Je l'ai rassurée en lui rappelant que son papa était là et que tout irait bien. Intérieurement, je réalisais à quel point je m'étais conduit comme un idiot. Je m'étais tellement préoccupé de toutes les personnes autour que j'en avais oublié celle qui comptait le plus au monde pour moi.

» Elle s'est agrippée à mon cou. J'ai remonté son pyjama, puis je l'ai serrée contre moi avec toute la compassion qui pouvait m'habiter. Je lui ai murmuré à l'oreille que je l'aimais et que j'étais tellement heureux qu'elle soit ma fille. »

Mike essuya une larme.

«Je n'oublierai jamais cette expérience, me confia-t-il. Je pensais avoir été un bon père jusque-là. Cette nuit-là m'a profondément inspiré à en devenir un meilleur. Je me suis promis de toujours chercher à élever mon niveau de connexion au mieux que je le pouvais.

– D'être l'acteur et l'observateur de votre propre vie! ajoutai-je.

– Exactement. Suis-je prêt à réfléchir ne serait-ce qu'une microseconde avant de parler, à considérer l'impact de mes paroles, surtout dans des moments de frustration ou de colère? Puis-je observer l'instant présent et le voir se dérouler, puis m'y ajuster, parce que j'ai le réflexe de devenir l'observateur autant que l'acteur?»

Il sourit. «C'est un incroyable cadeau à se faire à soi-même, dit-il. C'est la réalisation de ne pas être son corps physique. Nous sommes un esprit, un esprit qui habite actuellement notre corps physique. En en devenant conscient, tellement de peur, de colère, d'inquiétude et de frustration s'évanouissent. C'est ce qu'Emma m'a rappelé cette nuit-là, dans cette aire de repos.»

45

Mike et moi avons profité d'une vague pour une dernière fois. En arrivant sur la plage, nous avons été accueillis par Emma qui venait nous saluer en courant les bras grands ouverts. Elle enlaça Mike. « Allo, papa ! »

Mike déposa sa planche, prit Emma dans ses bras et lui donna un baiser sur la joue. Il la souleva et l'assit sur ses épaules, puis il tournoya en la retenant par les chevilles. « Où est Emma ? répétait-il comme s'il ignorait qu'elle était sur ses épaules. Sérieusement, John, l'avez-vous vue ? Elle était là il y a un instant. Emma ? Emma ? » faisait-il semblant de chercher.

Emma s'amusait ferme. « Je suis juste derrière toi », disait-elle entre ses rires.

Mike la ramena face à lui. « Oh ! Te voilà ! Je n'arrivais pas à te trouver il y a une minute à peine. »

Emma rit et entoura le visage de Mike de ses deux petites mains.

« Nous avons allumé un feu, Sophia et Tutu seront ici bientôt. C'est l'heure du *luau*. »

Elle descendit sur le sol et se remit à courir.

« Eh bien, on dirait bien que c'est l'heure du *luau* », dit Mike en riant.

Il ramassa sa planche et nous sommes tous les deux montés jusqu'au café. Tout en marchant, je ne pus m'empêcher de penser à quel point ses choix lors de la randonnée en véhicule motorisé, comme tous ses choix chaque fois que je l'ai vu interagir avec Emma, ont contribué à créer des moments comme celui auquel je venais d'assister.

46

Mike et moi avons marché en silence pendant quelques instants.

« À part l'expérience à l'aire de repos que vous venez de partager avec moi, lui dis-je, quelle est la meilleure décision que vous ayez prise en tant que père ? »

Mike réfléchit quelques secondes.

« Le jour où elle est née, j'ai pris la décision de ne jamais hurler après Emma.

– Vraiment ? » J'avais vu beaucoup de familles au fil des ans, et hurler après les enfants semblait être la norme chez beaucoup de parents.

« C'est ce que vous remarquez le plus lorsque vous n'avez pas d'enfants », nota-t-il.

Je me suis à peine étonné qu'il puisse lire mes pensées.

« Vous avez choisi d'agir différemment ?

– Oui. J'ai assisté à la naissance d'Emma. Je l'ai tenue dans mes bras, je l'ai lavée, j'ai caressé sa petite tête... Elle avait la taille d'une noix de coco, dit-il en souriant. Si petite, si délicate, et pourtant si présente. Elle avait les yeux grands ouverts et me regardait paisiblement, comme si elle comprenait alors les secrets de l'Univers. C'est à cet instant que j'ai décidé de ne jamais élever la voix contre elle, de ne jamais hurler après elle.

– Et ?

– Elle a sept ans, maintenant, et je ne l'ai jamais fait, et je ne le ferai jamais.

– Comment y parvenez-vous lorsqu'elle fait des bêtises ? »

L'idée de ne pas hurler après les enfants ne m'était pas du tout familière et j'arrivais mal à concevoir la vie quotidienne avec les enfants sans le faire.

« Nous acceptons les comportements que nous avons en fonction de la façon dont nous nous définissons. Le jour où Emma est née, je me suis défini comme un père qui ne hurlerait pas. Si je l'avais fait, ça n'aurait pas été en harmonie avec ma personnalité, avec qui je suis. »

Je ne comprenais pas très bien.

« Considérez cela d'une autre façon, reprit-il. Si vous vous définissez comme étant un aventurier, serait-il normal ou anormal de ne jamais quitter la maison ?

– Anormal, dis-je en souriant.

– Bien sûr. Si quelqu'un essayait de vous forcer à rester à la maison, vous ne vous sentiriez pas bien... émotionnellement, physiquement, mentalement... Vous vous définissez comme un aventurier, ce qui implique que vous partiez vivre des aventures. Toujours rester à la maison serait inacceptable pour vous. Vous refuseriez de le faire.

– Je pense que je comprends, repris-je. Puisque vous vous définissez comme un père qui ne hurle pas, si vous le faisiez, vous ne vous sentiriez pas bien, émotionnellement, physiquement ou mentalement.

– Voilà ! » Il me regarda en souriant. « Et l'Univers aime bien vous tester sur de telles convictions.

– De quelle façon ?

– Par exemple, une journée, vous êtes épuisé parce que des événements inattendus n'ont cessé de vous embêter, et vous rentrez à la maison très tard, encore tendu, et vous pensez à tout ce qu'il reste à faire avant d'aller au lit afin d'être prêt le lendemain... et c'est la journée où votre enfant préfère faire des bêtises plutôt que de se brosser les dents !

– Vous pourriez alors hurler...

– Et comment ! Vous êtes stressé et tendu. Et, au fond de vous, vous connaissez une façon de régler rapidement la situation : hurler aussi fort que possible pour intimider tous ceux qui sont autour de vous afin qu'ils vous obéissent.

– Mais vous ne le faites pas !

– Pas si vous êtes intègre avec ce que vous prétendez être. Voyez-vous, John, en même temps que le stress vous dévore intérieurement, si vous acceptez de prendre un recul par rapport à l'événement, comme nous en avons parlé déjà, tout change.

– Comment ?

– D'abord, vous réalisez que votre stress et votre frustration n'ont rien à voir avec le fait que quelqu'un se brosse ou non les dents. Vous êtes sur le point de déverser votre colère sur une personne qui n'en est pas la cause. Et c'est injuste. Si vous tenez à vous fâcher contre quelqu'un, faites-le envers la personne qui vous a mis en colère. Ne dirigez pas votre rage vers une personne qui se trouve simplement près de vous ou que vous savez plus faible que vous. Plus important encore, ne la déversez pas sur une personne juste parce que vous savez qu'elle vous pardonnera. »

Je comprenais. C'était une vision puissante. Combien de fois avais-je vu quelqu'un déverser sa colère sur un membre de sa famille, alors qu'en réalité, ce membre de la famille n'avait rien à voir avec la colère de la personne.

« Il y a un autre aspect à considérer, continua Mike. Lorsque le besoin de hurler commence à monter en vous, la sensation n'est pas bonne.

– Comme un aventurier qui resterait à la maison, dis-je.

– Précisément. Vous pouvez au départ ressentir un besoin de hurler. Mais si vous le faites, vous ressentirez une force encore plus puissante qui dira : "Ce n'est pas qui tu es. Tu as choisi d'être un père qui ne hurle pas."

» Par conséquent, vous vous sentiriez encore plus mal de hurler. Alors, vous ne le faites pas. Cette prise de conscience vous calme et vous aide à mettre les choses en perspective. Ça vous permet de rester authentique, d'être comme vous avez choisi d'être, au lieu de laisser des conditionnements culturels ou comportementaux dicter vos actions.

» Ça vous donne le pouvoir de vous retirer de la situation, de devenir l'observateur, même si ce n'est que pour quelques secondes. Dans ce court laps de temps, vous êtes bien conscient de ce que serait une réaction authentique, en accord avec ce que vous avez choisi d'être, et vous agissez en conséquence. »

Je secouai la tête.

« C'est peut-être parce que c'est la première fois que j'entends un tel discours, mais ça me semble complexe, avouai-je.

– Je comprends. Si vous y réfléchissez dans sa plus simple expression, c'est plutôt facile. D'abord, vous définissez qui vous êtes. Puis, vous vous permettez de sortir d'une situation, en certaines occasions, pour voir la vie selon la perspective à la fois de l'observateur et de l'acteur. Ça ne prend que quelques secondes, peut-être moins. Puis, vous agissez en fonction de cette prise de conscience.

– Et ça fonctionne ? »

Mike éclata de rire. « Même dans les journées les plus difficiles. »

Il me regarda.

«Je vais vous donner une pensée de plus pour vous inspirer, John. Inviteriez-vous des gens chez vous pour ensuite hurler après eux parce que vous êtes en colère contre quelqu'un d'autre?»

J'ai ri à mon tour.

«Ce serait probablement la dernière fois que ces gens accepteraient mon invitation.

– En effet. Pourtant, les gens le font constamment. Ils invitent dans leur vie ceux qu'ils aiment, ce qui est encore plus important que simplement les inviter dans leur maison. Puis, ils s'en servent pour ventiler leur colère.»

J'ai secoué la tête. «Je n'avais jamais vu les choses ainsi. Vous avez raison. J'ai vu des gens parler à leur conjoint, ou à leur partenaire, ou encore à leurs enfants comme ils ne l'auraient jamais fait avec un invité à la maison, ou même avec leur meilleur ami.»

Nous arrivions près du feu. Mike mit sa planche debout un moment. Il m'a regardé en souriant.

«Lorsque nous reconnaissons l'absurdité de notre comportement, nous avons le choix de cesser de l'entretenir, affirma-t-il. Certains des plus grands cadeaux qu'Emma m'a offerts sont le genre de leçons de vie dont nous discutons depuis un moment. Elles ne s'appliquent pas seulement aux parents et aux enfants. Elles concernent toutes nos relations.»

Il reprit sa planche. «Il y a un boyau et une douche à l'extérieur, de ce côté, dit-il en indiquant un petit bosquet d'arbres tropicaux. Allons nettoyer rapidement ces planches et joignons-nous aux autres pour le *luau*. »

Je me suis dirigé vers le boyau et la douche, ma planche sous le bras. *Comme il a raison*, me suis-je dit. J'avais pensé que nos conversations ne concernaient que la relation entre Mike et Emma, soit celle d'un parent et d'un enfant. Mais les leçons rejoignaient beaucoup plus de gens que juste les parents et les enfants.

C'est le moment de prendre mon carnet de ha-ha !, me suis-je dit. *Je veux me souvenir de ces leçons.*

47

« Enfin terminé, les gars. »

Mike et moi avions nettoyé nos planches et nous nous étions douchés. Mike était ensuite entré au café pour s'assurer qu'Emma et Casey n'avaient pas besoin d'aide. Quant à moi, je m'étais dirigé vers le feu sur la plage.

Jessica s'y trouvait, assise sur le sable et adossée contre une grosse pierre volcanique. Plusieurs de ces grosses pierres avaient été disposées en cercle, entourant un petit feu qui grésillait.

Jessica me sourit. « Pendant un moment, nous avons pensé que Mike et toi aviez décidé de faire du surf de nuit. »

Sa remarque m'a fait sourire. « La prochaine fois, peut-être... Non, sérieusement, nous avions une intéressante conversation et nous n'avons pas vu le temps filer. »

Jessica approuva. « Je connais ce sentiment. Ça semble être une expérience courante, ici ! »

Je me suis assis près d'elle. « Vous semblez heureuse. Satisfaite. »

Elle fit signe que oui.

« Je ne sais pas exactement pourquoi… Je me sens simplement plus légère. Je me sens comme…

– … comme la vie est censée être ressentie ? complétai-je.

– Voilà ! Avant aujourd'hui, j'étais piégée dans une boîte sans savoir comment en sortir. Soudainement, la boîte n'existe plus, et j'ai l'impression qu'elle n'a jamais existé. Je m'étais convaincue pendant si longtemps qu'elle était réelle qu'elle en était devenue une réalité dans mon esprit. Mais, maintenant, tout cela a disparu. »

Elle me regarda, encore un peu incrédule. « Est-ce que vous comprenez ? »

Je lui confirmai d'un signe de la tête et lui dis : « Je ressentais passablement la même chose à ma première visite au café. J'y étais resté toute la nuit. Au matin, en quittant l'endroit, j'avais un sentiment de compréhension. Je n'étais même pas certain de ce que j'avais l'impression de comprendre, mais tout me semblait plus clair, et plus léger, comme vous dites.

– Est-ce que cette sensation perdure ? demanda-t-elle. Une partie de moi craint presque de continuer à ressentir cette sensation. Elle est si agréable que si je devais la perdre… je sais à quel point ce serait douloureux.

– Le poète dirait qu'il vaut mieux l'avoir ressentie et perdue ensuite que de ne jamais l'avoir ressentie. »

Je secouai légèrement la tête en riant et poursuivis : « Mais je ne suis pas vraiment un poète, alors, voici comment je vois les choses. La première fois que je suis venu ici, Casey m'a expliqué que cette sensation, cette impression de savoir ou de comprendre, est comme regarder une carte aux trésors et voir où se trouve le X. Une fois que vous l'avez vu, vous savez pour toujours où il se trouve.

– C'est une bonne chose, non ?

Je fis signe que oui et repris « C'est... » Puis, j'hésitai.

– Qu'est-ce que c'est ? demanda-t-elle.

– C'est une bonne chose. Une merveilleuse chose, en vérité, dis-je sur un ton plus catégorique. Avec tous les *ha-ha!* que vous récoltez, vous commencez à saisir comment les choses fonctionnent. Vous commencez à comprendre la vie à un niveau totalement différent. Et grâce à chaque aventure vécue en lien avec votre raison d'être et vos cinq grands rêves de vie, vous vivez d'une façon que vous n'auriez même pas imaginée auparavant. »

J'ai haussé les épaules.

« Vient un temps où vous devez vous efforcer de vous rappeler comment était votre vie avant, lorsque vous vous sentiez dans une boîte, lorsque vous considériez le monde comme un lieu de limitations au lieu d'un terrain de jeu aux possibilités infinies, ajoutai-je.

– Ça m'apparaît formidable, constata Jessica. Alors, pourquoi avez-vous eu une hésitation ?

– Parce que lorsque vous en arrivez à ce stade, vous n'acceptez plus de vivre dans une boîte.

– Je ne veux pas me résigner à vivre dans une boîte... Je veux ressentir cette sensation que nous ressentons actuellement », répliqua-t-elle avec vigueur.

J'ai souri en hochant la tête. « Je comprends. Mais vous devez être consciente de ceci, cependant : parfois, il y a un prix à gagner. »

Elle m'a regardé, intriguée.

« Quel genre de prix ?

– Je ne peux que vous parler de ma propre expérience. À mesure que je changeais, je me suis aperçu que certaines de mes relations d'amitié n'avaient plus leur place dans ma vie, tout comme certaines relations familiales.

– Pourquoi ?

– J'ai compris que certaines personnes aimaient le gars dans la boîte. C'était ainsi qu'elles le connaissaient, celui avec qui elles aimaient passer du temps. Elles voulaient quelqu'un qui voyait la vie comme elles. Lorsque j'ai changé ma vision de la vie, elles se sont senties menacées.

– Qu'est-il arrivé ?

– Au début, ces gens ont essayé de refaire une boîte autour de moi. C'était de façon anodine. Ils se plaignaient de l'injustice dans le monde ou affirmaient que leur patron était un enfoiré. Ou alors, ils m'amenaient dans des discussions sur quelque tragédie qu'ils avaient vue aux bulletins de nouvelles ou sur les derniers potins au sujet d'une quelconque célébrité.

– Mais ça ne vous ressemblait plus, comprit Jessica.

– Non. Je ne voulais pas entrer dans cette énergie. Si eux s'y plaisaient, très bien. C'était leur choix et je n'allais sûrement pas les juger. Simplement, je ne voulais plus participer à cela.

– Qu'est-il arrivé ?

– Avec le temps, quelques-unes de mes relations d'amitié se sont dissoutes. Ce fut la même chose pour certaines relations familiales. Par contre, dès que je faisais le ménage autour de moi, j'avais de la disponibilité pour de nouvelles amitiés et relations qui correspondaient plus à ce que j'étais en train de devenir et à ce que j'aspirais à être. (J'ai haussé les épaules.) J'ai décidé qu'il valait mieux être moi et heureux qu'être ce que les autres souhaitaient et passer ma vie à n'être que bien.

– Ça m'apparaît une bonne décision, approuva Jessica. Vous semblez très à l'aise d'être vous... enfin, ce vous.

– Je le suis, effectivement, mais je dois vous dire que ça ne plaît pas toujours aux gens.

– Vraiment ?

– Vraiment ! J'ai un style de vie plutôt différent du reste des gens. Je fais ce que je veux, quand je le veux. Je n'ai pas de maison ni d'auto. Une année sur deux, je suis en voyage quelque part dans le monde. Pour beaucoup de gens, une telle vie est inconcevable. Ça les effraie.

– De quelle façon?

– Ça défie leur propre système de croyances. Selon leur conception de la vie, à mon âge, je serais censé placer de l'argent dans un régime d'épargne-retraite. Je serais censé avoir tel genre d'auto, vivre dans tel quartier, faire tel genre d'activité et vivre tel type de relation... Comme je ne fais rien de tout cela, leur esprit devient confus. *Peut-être n'ai-je pas besoin de faire toutes ces choses, moi non plus*, pensent-ils.

– Pourquoi suis-je ici?» réfléchit tout haut Jessica.

J'ai balancé la tête.

«Je sais, acquiesçai-je. Cette question apparaît claire-ment sur le menu du café pour une raison: lorsque vous pouvez y répondre, ce que les autres pensent que vous devriez faire n'a plus aucune importance. Ce n'est plus qu'une opinion collective basée sur ce que la majorité des gens font. Très souvent, en fait, elle est influencée par ce qu'une publicité aimerait les voir faire. (Je souris.) Vous voyez le genre... *Oh! vous êtes une femme entre trente et trente-cinq ans. Alors, la plupart des femmes de ce groupe d'âge ont un emploi, une famille, une maison comprenant trois chambres et deux salles de bain et elles conduisent tel type d'auto. Donc, c'est ce que vous devriez avoir, vous aussi...*

– Et vous commencez alors à vivre votre vie selon le scénario que la société a prévu, dit Jessica. Vous finissez par avoir une vie prédéfinie, que vous ayez trente, cinquante ou quatre-vingts ans...

– À moins que..., débutai-je, avant de faire une pause.

– ... à moins que je ne me demande pourquoi je suis ici, compléta Jessica. Alors, je crée un nouveau scénario, *mon* scénario, celui qui me permet de vivre la vie que je désire, de la façon dont je le veux. »

J'approuvai. « C'est ce que j'ai appris », dis-je en souriant à Jessica. Ce sourire l'intrigua.

« Quoi ? »

J'ai haussé les épaules.

« Parfois, repris-je, je me demande si ce n'est pas cela, le grand but de la vie, le sens de l'existence. C'est comme un jeu, une gigantesque partie, et le but est de vous souvenir de vivre la vie que vous voulez vivre, de réaliser que vous contrôlez véritablement le jeu, et non le contraire.

– Bâtir son propre terrain de jeu et y jouer autant que vous le voulez », conclut Jessica, pensive.

48

« Ils sont là ! Ils sont là ! »

Emma sortit du café en courant dans le sable.

« Allo, Sophia ! Allo, Tutu ! » lança-t-elle joyeusement.

Je me suis retourné pour voir qui Emma accueillait ainsi. Une jeune fille et une vieille femme hawaïenne recevaient les accolades d'Emma.

« La jeune fille s'appelle Sophia, précisa Jessica. C'est une amie d'Emma. Je les ai vues s'amuser ensemble plus tôt, ce matin.

– Qui est la dame ?

– Je ne suis pas certaine. »

Je me suis levé. Jessica m'imita.

Emma conduisit ses amies près du feu.

« John et Jessica, voici mes amies. Elle, c'est Sophia, et voici sa grand-mère. Nous l'appelons tous "Tutu", parce que c'est le mot hawaïen pour *grand-mère*. »

J'ai déposé un genou au sol pour être à la hauteur des yeux de Sophia et je lui ai tendu la main. « Heureux de te rencontrer, Sophia. »

Elle serra ma main. « Heureuse de vous rencontrer aussi », dit-elle en me souriant.

Je me suis relevé et j'ai changé de place avec Jessica qui venait de saluer Tutu.

Tutu dégageait une impression et une présence qui laissaient deviner qu'elle en savait long sur la vie. Son regard était étincelant, et son énergie était si vibrante qu'on aurait presque pu la palper. N'eût été quelques mèches grises entremêlées ici et là dans sa longue chevelure noire, il aurait été presque impossible de quantifier son âge. Sa jeunesse était encore bien présente et forte.

« *Aloha*, John, me dit-elle en me donnant une chaleureuse accolade.

– *Aloha*. »

Après notre accolade, je l'ai regardée en souriant. Elle a tendu les mains et les a placées de chaque côté de mon visage.

« C'est bon de vous accueillir de nouveau au café », ajouta-t-elle dans un grand sourire.

Je ne savais pas comment elle était au courant que j'en étais à ma deuxième visite au café. Peut-être qu'Emma l'avait dit à Sophia qui, à son tour, l'avait répété à Tutu. Ou peut-être le savait-elle déjà, simplement. J'eus le sentiment que la deuxième possibilité était la bonne.

Tutu portait une robe hawaïenne traditionnelle que Sophia tirait vers le bas. Tutu se pencha et mit sa main sur la tête de la jeune fille.

« Qu'y a-t-il, ma petite ? lui demanda-t-elle d'une voix douce.

– Est-ce qu'on peut leur donner leurs fleurs, maintenant ? » murmura Sophia.

Tutu lui sourit. « Je crois que Mike et Casey seront ici dans un moment. Que dirais-tu de les attendre et de donner les fleurs à chacun ? »

Le visage de Sophia était lumineux et elle acquiesça à la proposition de sa grand-mère.

Et, effectivement, Mike et Casey sortirent du café au même instant, transportant chacun un grand plateau de nourriture. Ils marchèrent jusqu'à nous.

« Allo, Sophia ! Allo, Tutu », dit Casey. Elle déposa son plateau et donna une chaleureuse accolade à chacune d'elles, tout comme Mike.

« Nous avons beaucoup de bons plats à manger », annonça Emma.

J'ai examiné les plateaux. C'était un festin, vraiment. Des ananas frais, de la papaye, des poissons grillés, du riz enveloppé dans des feuilles de bananier...

« Oh, juste ce qu'il faut pour des surfeurs affamés, dit Mike en riant.

– Jessica a appris à faire du surf aujourd'hui, Tutu, dit Emma.

– Étais-tu son enseignante ? lui demanda Tutu.

– Oui.

– Faites-vous du surf, vous aussi ? demanda Jessica à Tutu.

– Elle est une surfeuse incroyable, se pressa de dire Emma. C'est Tutu qui a enseigné à Sophia à surfer. Elle a ça dans le sang. Ce sont les Hawaïens qui ont inventé le surf.

– Vraiment ? reprit Jessica, étonnée. Je croyais que ça venait de la Californie ! »

Tutu entoura Emma de ses bras et déposa un baiser sur sa tête.

« Le surf fut inventé ici, dit-elle, il y a très longtemps. Le peuple hawaïen a toujours été très relié à l'eau. Après tout, il vit sur de petites îles au milieu d'un vaste océan.

– Tutu, est-ce que je peux leur donner maintenant ? » murmura Sophia à sa grand-mère.

Tutu la regarda en souriant. « Oui, ma petite. »

Sophia ouvrit le grand panier que Tutu avait apporté avec elle. Sophia en tira un magnifique collier de fleurs naturelles.

Elle s'avança vers Jessica. « *Aloha*, Jessica. C'est pour toi. Ça s'appelle un "lei". »

Jessica sourit et mit un genou dans le sable en se penchant pour que Sophia puisse déposer délicatement le collier autour de son cou.

« Merci, Sophia, dit doucement Jessica.

– Dans la culture hawaïenne, nous exprimons notre connexion à une autre âme en lui offrant un *lei*, expliqua Tutu. C'est une tradition qui remonte à des milliers d'années. Nous nous en servons pour exprimer l'amour, la gratitude, le pardon, la paix... » Elle sourit et reprit : « ... et aussi pour célébrer l'esprit de la vie. »

À tour de rôle, Sophia nous offrit un *lei*. Les fleurs dégageaient un parfum merveilleux. De doux arômes remplissaient l'air autour de nous.

« Merci, Sophia et Tutu, pour ce magnifique *lei*, dit Mike. Et que diriez-vous de poursuivre la célébration en mangeant ? Est-ce que quelqu'un a faim ?

– Moi ! cria Emma.

– Moi aussi ! renchérit Sophia.

– Bon, alors, commençons par vous deux », décida Mike en souriant.

49

La nourriture était délicieuse. Nous avons mangé jusqu'à satiété. Puis, Casey rapporta du café quelques coussins et nous nous sommes confortablement installés autour du feu, sauf Emma et Sophia qui s'amusaient plus loin à construire des châteaux de sable qu'elles décoraient de coquillages.

« C'était délicieux. Merci, Mike et Casey », dis-je.

Casey leva son verre.

« Bienvenue, et merci à vous pour l'aide à la cuisine, ce matin, dit-elle.

– C'était ce matin ? Il me semble que c'est déjà loin. La journée a été tellement fantastique ! »

Jessica approuva. « C'est difficile de croire que c'était ce matin, en effet. On dirait que ça fait une vie de cela ! »

Casey parut amusée de nos remarques.

« Le concept du temps, ou d'un jour, prend un tout autre sens lorsqu'on le comble d'événements significatifs, n'est-ce pas ? affirma-t-elle.

– Oh oui ! répondit Jessica. Vraiment. Alors, pourquoi ne le faisons-nous pas toujours ? » ajouta-t-elle. Elle regarda le groupe et se mit à rire. « En fait, je dois me demander à moi-même pourquoi je ne le fais pas toujours, car il semble que chacun de vous ait déjà compris cela.

– John, comment voyez-vous cela ? demanda Mike. Vous revenez tout juste d'une autre année d'aventures où chaque jour fut comblé d'événements significatifs. »

J'ai réfléchi un moment.

« Pour moi, il s'agissait d'abord d'abandonner la liste sans fin des choses à faire, dis-je.

– Que voulez-vous dire ? demanda Jessica.

– Avant de venir au Why Café, la première fois, ma vie était très occupée. Seulement, elle était surchargée d'activités qui ne correspondaient pas à ce que je voulais vraiment faire. J'avais l'impression que si j'arrivais à compléter toutes ces choses à faire inscrites sur ma liste, je serais finalement libre de vivre la vie que je désirais.

– Et cela a fonctionné pour vous ? » demanda Mike avec un brin de dérision.

J'ai souri. « Aussi peu que vous pouvez l'imaginer. La liste n'était jamais complétée. Aussitôt que deux tâches de la liste étaient accomplies, deux autres s'y ajoutaient. J'avais l'impression qu'il n'y avait pas de fin à la liste de responsabilités.

– C'est exactement comment je me sens la plupart du temps, avoua Jessica. Je suis venue vivre sur cette île merveilleuse, mais je n'en profite jamais. Je pense toujours que si je fais quelques heures supplémentaires au bureau, si j'apporte du boulot à la maison ou si je rentre au travail durant les fins de semaine, je finirai éventuellement par prendre le dessus et avoir du temps libre. Mais ça n'arrive jamais.

– L'Univers vous observe, rappela Casey gentiment.

– Vous avez raison, dit Jessica. Vous avez tellement raison.

– L'Univers observe... ? » dis-je, sans comprendre.

Jessica regarda en direction de Casey. « Allez-y, Jessica, lui dit Casey. Vous savez de quoi il s'agit. »

Au cours des minutes suivantes, Jessica expliqua ce concept au reste du groupe, tout en mentionnant que Casey et elle en avaient justement discuté ce matin.

Lorsqu'elle eut terminé, j'ai repris la parole. « Je n'avais jamais pensé de cette façon, mais c'est tout à fait exact. Vous recevez encore plus de ce qui occupe vos journées. Donc, la clé est d'accorder plus de temps à ce qui compte vraiment pour nous, de donner la priorité aux choses importantes. Après, s'il reste du temps, nous nous occupons des autres choses. »

Tutu se mit à rire délicatement.

« Il y a une jolie histoire, dans le folklore polynésien, qui illustre parfaitement bien cette idée, dit-elle. C'est l'histoire du marin idiot et de son canoë à balancier.

– Pouvons-nous l'entendre ? demanda Jessica.

– Oh ! Pouvons-nous la danser ? proposa Emma, toute fébrile.

– Oui, oui, est-ce qu'on peut ? renchérit Sophia.

– Je ne savais pas que vous nous écoutiez, toutes les deux, fit remarquer Tutu.

– Nous jouions et écoutions, répliqua Sophia.

– Eh bien, si vous voulez danser, il faudra de la musique », dit Tutu en regardant Mike.

Mike sourit. « Je reviens ! » dit-il en se levant. Il courut jusqu'au café et revint après quelques minutes avec dans les bras un ukulélé et trois tambours.

« Ce sont des *pahus*, dit-il en nous tendant les tambours, à Jessica, Casey et moi. Ce sont des tambours hawaïens. »

J'ai pris le mien et j'ai tapoté dessus quelques fois.

Mike se tourna vers Tutu. « Nous ferez-vous l'honneur de raconter l'histoire ? »

Elle accepta en souriant.

« Alors, Sophia et moi allons danser et toi, tu vas jouer du ukulélé, dit Mike en faisant semblant de passer l'instrument à Emma.

– Non, dit-elle en se tortillant. Tu joues du ukulélé et je danse avec Sophia. »

Mike feignit la surprise. « Oh ! Alors, c'est ce que nous ferons. » Il s'assit sur le sable, le sourire aux lèvres.

« Bon, les danseuses, approchez-vous, dit Tutu. Vous vous souvenez des mouvements ? »

Les deux fillettes agitèrent la tête avec enthousiasme, signifiant à Tutu qu'elles étaient prêtes.

« Alors, c'est l'heure de l'histoire du marin idiot et de son canoë à balancier. »

50

Tutu s'adressa à Jessica et à moi. « Mes nouveaux joueurs de tambour, vous avez à vos côtés une personne qui a beaucoup d'expérience aux tambours. Elle vous guidera. Vous avez aussi avec vous un joueur de ukulélé très expérimenté. Ils connaissent tous les deux très bien cette chanson. Essayez simplement de les suivre et amusez-vous. »

J'ai acquiescé. Jessica m'a jeté un regard en souriant, puis elle a placé ses mains au-dessus de son tambour.

Mike commença à jouer doucement du ukulélé. Casey entra dans le rythme et commença à jouer elle aussi de son instrument. Jessica et moi avons suivi le mouvement.

Tutu commença à se balancer, de façon rythmique et lente, au son de la musique. Ses hanches bougeaient doucement à la façon si typique et gracieuse des danseuses hawaïennes. Les filles se joignirent à elle et suivirent son rythme. Au bout d'un moment, à un endroit précis de la pièce musicale, Tutu commença la narration de l'histoire en harmonie avec le rythme de la musique :

« Des rivières jusqu'aux océans,
des étoiles jusqu'au soleil,
des aventures nous attendent,
rires et plaisirs sans pareils.

Explorateurs du grand Tout,
chaque aventure est un cadeau.
Première étape pour nous
est de garnir notre bateau. »

« C'est le credo de l'aventurier polynésien », clama dramatiquement Tutu en levant les bras vers le ciel.

Casey se mit à tambouriner avec frénésie. Jessica et moi avons suivi la cadence. Les fillettes, qui jusque-là déployaient des mouvements lents sur les paroles de Tutu, se mirent à danser avec ardeur, les bras levés vers le ciel également.

Tutu sourit et se remit à bouger lentement et à balancer ses hanches au rythme du ukulélé. Lorsque les tambours diminuèrent d'intensité, elle étira les bras et les croisa sur sa poitrine :

« Ainsi, voici l'histoire
du pauvre marin idiot
qui ne pouvait finaliser son départ,
car il n'arrivait pas à garnir son bateau.

Ses effets, étalés sur la plage,
n'avaient pas tous la même importance
pour qu'il puisse réussir son voyage,
et c'était là son errance.

Il mit de côté les plus utiles,
qu'il placerait en dernier dans le bateau,
tout ce qu'il faut loin des îles :
planche, harpon, rame et chapeau.

Sur la plage, les gens s'assemblaient
venus de tous les côtés.
Son opinion, chacun lui donnait
sur ce qu'il devait emporter.

Prends ceci, prends ceci, malheureux,
lançaient tour à tour les abrutis
sans n'avoir jamais bravé la mer bleue
ni même l'avoir franchie.

Prends cela, prends cela plutôt,
s'écriaient d'autres encore
qui, sans oser, rêvaient de bateaux,
d'aventures et d'un autre sort.

Les cris fusèrent durant une heure ou deux,
peut-être plus, tant le temps s'étirait,
et le marin idiot faisait de son mieux
pour écouter tout ce qu'on lui disait.

Il garnit son bateau plus d'une fois,
peut-être cent, dirait le sage.
Mais, à la fin, toujours le désarroi,
l'essentiel restait sur la plage.

Prends ceci, prends ceci, lui disait-on.
Les gens le pressaient encore et encore.
Prends cela, prends cela, répétait-on.
Les voix résonnaient de plus en plus fort.

Ce qui comptait avant tout
passait toujours en dernier.
Lui qui voulait partir surtout
attendait toujours sur le sable doré.

Comment vais-je faire ? se disait-il,
furieux et déçu de son sort,
mais refusant que les choses utiles
soient embarquées d'abord.

Les jours passèrent, les semaines aussi,
puis une goutte tomba d'un nuage,
arrivait la saison des pluies,
Quand allait-il partir en voyage ? »

OOGA – OOGA – OOGA – OOGA
OOGA – OOGA – OOGA – OOGA

Mike s'était mis à chanter. Emma et Sophia s'étaient
jointes à lui tout en grimaçant d'une drôle de façon, rappelant
les totems gravés.

Casey nous regarda, Jessica et moi. D'un signe de tête, elle nous invita à chanter, nous aussi. Nous avons donc chanté à notre tour, entre les rires devant les mimiques des fillettes.

Tutu prit une voix forte et dramatique :

« Le ciel devint maussade,
le vent se mit à souffler. »

Au même instant, Emma et Sophia se placèrent l'une en face de l'autre, inspirèrent rapidement et soufflèrent l'air dans le visage de l'autre. Immédiatement, elles éclatèrent de rire.

J'ai ri à mon tour. J'ai regardé vers Jessica. Elle me souffla au visage. Je ris encore plus.

OOGA – OOGA – OOGA – OOGA
OOGA – OOGA – OOGA – OOGA

Tutu ralentit son rythme et recommença à chanter sur un ton rempli de tristesse :

« La pluie tomba, des jours entiers.
L'orage s'abattit de très haut.
Son rêve, le marin dut l'abandonner
et laisser là son grand bateau. »

Lorsque Tutu prononça la dernière phrase, Emma et Sophia, avec un sens parfait de la comédie, s'arrêtèrent de danser, haussèrent les épaules et s'exclamèrent, avec une expression de tristesse : « Aaaahhhh ! » C'était hilarant. Nous avons tous éclaté de rire.

Lorsque l'exclamation des fillettes s'éteignit, Tutu sourit et recommença à se balancer et à chanter. Les filles reprirent leur danse.

« La plus grande leçon, il l'ignorait,
celle qui prime par-dessus tout :
des aventures, tu n'auras jamais,
si ce qui compte ne passe pas avant tout.

Souviens-toi toujours de cette image
du marin insensé et idiot
qui ne put jamais partir en voyage,
car il n'arrivait pas à garnir son bateau.

Place ce qui compte le plus dans la vie,
dans ton bateau, dès la première heure,
sinon de plein de choses ta vie sera garnie,
mais aucune aventure ne comblera ton cœur. »

Casey tapa frénétiquement sur son tambour pour indiquer la fin de la chanson. Nous nous sommes joints à elle. Les filles exécutèrent quelques autres pas de danse et mimiques des plus comiques.

En finissant la chanson, je riais tellement que j'étais persuadé que j'en aurais mal aux côtes pendant une semaine au moins. Et je ne serais pas le seul, car tous les autres riaient autant que moi.

« J'ai adoré cela, dit Jessica. C'était si amusant. » Elle regarda Emma et Sophia. « Vous étiez stupéfiantes, les filles. Comment avez-vous appris tous ces mouvements ? »

Emma sourit et fit quelques pas de danse. « C'est Tutu qui nous les a appris. C'est l'une de nos chansons préférées, à Sophia et à moi. Nous la pratiquons souvent avec Tutu, n'est-ce pas, Sophia ? »

Sophia se mit à rire. « OOGA, OOGA », chanta-t-elle en recommençant les mouvements. Emma rit de bon cœur puis fit semblant d'avoir peur et s'enfuit en courant. Sophia se mit à la poursuivre.

« Avant que la civilisation occidentale vienne jusqu'à nous, la tradition hawaïenne voulait que la connaissance se transmette par des histoires et des chants, mentionna Tutu. C'est ainsi que les gens apprenaient les leçons de la vie. » Elle regarda en direction des filles. « Elles se souviendront de ce chant et de la leçon qu'il transporte.

– Moi aussi, affirma Jessica. Ça me semble si évident dorénavant. »

Tutu lui sourit.

« Alors, c'est une bonne histoire à retenir et à partager avec les autres, dit-elle.

– Et à écrire dans mon livre de *ha-ha!*, dis-je en me levant. Je reviens sous peu. »

Je me suis rendu au café, jusque dans la cuisine. Mon sac à dos reposait sur une étagère. Je l'ai pris et je me préparais à ressortir, mais je me suis immobilisé. J'ai regardé par la fenêtre du comptoir de commande vers la salle à manger. Seulement quelques lumières étaient restées allumées, mais je pouvais tout de même voir les banquettes rouges, le long comptoir, le support à manteaux près de la porte...

Mon esprit retourna à ma première visite. La plage était fantastique, mais l'intérieur du café dégageait une atmosphère magique. Spécialement la nuit. J'ai souri, reconnaissant d'avoir eu la chance de venir ici, et d'y revenir maintenant.

« Il y flotte une énergie spéciale, n'est-ce pas ? »

Je me suis retourné. Casey était derrière moi, souriante. Je ne l'avais pas entendue entrer.

J'ai fait signe que oui en me retournant de nouveau vers la salle à manger.

« Être ici me rappelle à quel point ma vie a été transformée, lui confiai-je. Trois questions et une nuit dans un quelconque café... Que serais-je devenu sans cette nuit? (J'ai secoué la tête.) C'est difficile à imaginer.

– Vous étiez prêt, reprit Casey, et vous avez suivi votre intuition. »

J'ai regardé Casey en lui disant : « Au plus profond de moi, je savais... Je savais que si je commençais à garnir mon canoë de ce qui comptait le plus pour moi, tout irait bien. J'ignorais comment les choses se placeraient, mais je savais que tout irait bien.

– Et c'est ce qui est arrivé.

– Oui, et mieux encore que tout ce que j'aurais pu imaginer. (Je fis une pause.) Il a fallu un saut dans le vide, un acte de foi. Vous pouvez tout planifier, vous pouvez tout organiser, vous pouvez y penser et en parler avec des gens, mais vient un moment où vous devez sauter dans l'abysse. Et là, vous réalisez que ce n'est pas du tout un abysse !

» Tout, dans l'Univers, dès le moment où vous êtes né, s'est orchestré pour vous faire avancer dans cette direction. Vous avez été appuyé, guidé, encouragé tout au long de votre cheminement. C'est comme un magnifique jeu complexe et conçu pour que vous réussissiez, non pour que vous connaissiez l'échec. »

J'ai souri à Casey.

« Je ne sais pas pourquoi je vous dis tout cela. Vous le savez déjà !

– Oui, je le sais, c'est vrai, mais, comme pour chacun de nous, il fut un temps où j'ignorais tout de ces notions, un temps où les peurs et les inquiétudes, les *je dois*, les *il faut* et les *je ne peux pas* dominaient ma vie. Cependant, dès que vous vous alignez sur votre coeur et que vous découvrez comment fonctionne cet Univers, vous abandonnez toutes ces restrictions. C'est ce qui vous est arrivé, John. Et c'est ce qui vous arrive continuellement maintenant. C'est ce qui arrivera à Jessica aussi, lorsqu'elle fera le saut. »

Casey pointa mon sac.

« Vous cherchez votre carnet de *ha-ha!?* »

Je fis signe que oui et je le sortis de mon sac.

« Puis-je? » demanda Casey en tendant la main.

Je lui remis le carnet. Elle l'ouvrit à une page au hasard. Puis, à une autre, et à une autre encore.

« Pourquoi travaillez-vous entre vos années de voyage, John?, demanda-t-elle, toujours mon carnet à la main. Est-ce aussi épanouissant que voyager? »

J'ai ri.

« Non, répondis-je. Disons que c'est la meilleure solution jusqu'ici. En sachant que je serai de nouveau en voyage dans un an, il m'est plus facile de rentrer au boulot et d'offrir un bon rendement sans me sentir déprimé. Je considère l'année où je travaille comme un tremplin pour repartir en voyage. Ça lui donne un sens, un but positif.

» Je sais qu'il y a mieux. D'ailleurs, Jessica et moi en parlions plus tôt aujourd'hui, mais je n'ai pas encore trouvé comment m'y prendre. »

J'ai regardé Casey d'un air interrogateur.

« Pourquoi me demandez-vous cela ? repris-je.

– Mike et moi avons discuté de vous, de vos *ha-ha!*... Prévoyez-vous faire quelque chose de tous vos *ha-ha!*? »

J'ai haussé les épaules.

« Pas vraiment. Vous savez, je les adore, ces notes. Je feuillette mon carnet presque tous les soirs avant de m'endormir. Mes notes me rappellent que l'abysse n'en est pas vraiment un, dis-je en souriant.

– C'est une belle énergie pour se préparer au sommeil, approuva Casey.

– Oh oui ! Je me souviens de ce que j'avais l'habitude de faire auparavant avant d'aller au lit. Je terminais la soirée en regardant le bulletin de nouvelles ou en lisant sur Internet les reportages sur la catastrophe du jour ou encore sur les derniers potins ou événements sportifs. Puis, lorsque j'éteignais les lumières, mon esprit vagabondait pendant des heures. Il rejouait les problèmes de la journée, encore et encore. Ou il essayait d'élaborer des stratégies pour affronter les problèmes du lendemain. (J'ai secoué la tête.) Et je me demandais pourquoi j'étais constamment fatigué. »

Casey m'avait écouté paisiblement. Elle reprit : « Comme je vous le mentionnais, Mike et moi avons parlé de vous et de vos *ha-ha!*. Nous croyons que vous devriez les publier. »

J'ai pris le temps d'assimiler l'idée. Mais, soudainement, je ne me sentais plus aussi sûr de moi que quelques instants auparavant. Des doutes jaillissaient dans mon esprit. C'est une chose d'écrire des pensées pour soi-même – et de les partager à l'occasion avec des amis –, mais c'en est une autre de les diffuser à travers le monde et de les savoir lues et critiquées par les gens. Qui étais-je pour dévoiler aux autres les *ha-ha!* de la vie?

Et alors, au milieu de la peur et de l'incertitude, une image me vint en tête. C'était comme si j'avais ouvert mon carnet de *ha-ha!* et que je voyais clairement une page que j'avais écrite, celle où j'avais noté un *ha-ha!* en me promenant au Costa Rica, lors de l'un de mes voyages préférés :

> *Vous pourrez vivre soit dans la foi soit dans la peur,*
> *mais pas dans les deux.*

Casey me sourit. « Vous aviez vu juste en écrivant cela. Et c'est toujours aussi vrai. De plus, qui êtes-vous pour ne pas le faire? »

Elle avait raison. Je savais ce qu'était la vérité. Je venais tout juste de l'expliquer à Casey, je venais tout juste de dire que le saut dans l'abysse n'en était pas vraiment un.

J'ai haussé les épaules.

Casey reprit : « Nous souhaiterions être votre premier client, John. Nous aimerions offrir votre livre de *ha-ha!* aux clients du Why Café. »

Étonné, je l'ai regardée.

« Vraiment?

– Vraiment ! » me confirma-t-elle.

C'était si soudain. Je sentais l'abysse tout près... un immense abîme d'incertitude et de peur. Puis, tout d'un coup, l'abysse disparut. Aussi claire que du cristal, la voie s'étalait devant moi.

« D'accord, dis-je en souriant. Oui... D'accord ! »

Malgré tous les progrès que j'avais accomplis au cours des dernières années, je réalisais, par cette nouvelle expérience, que j'avais encore bien des choses à apprendre.

« C'est comme ça pour chacun de nous, dit Casey. C'est pourquoi nous sommes ici. »

52

Casey et moi sommes retournés sur la plage, autour du feu. Mike jouait du ukulélé et Tutu montrait une nouvelle danse hawaïenne à Jessica et aux filles. Les gens riaient et s'amusaient. L'énergie était formidable.

« Page 56 », me dit Casey.

Je l'ai regardée en cherchant à comprendre ce qu'elle voulait dire.

Elle désigna des yeux mon livre de *ha-ha!* que je tenais dans mes mains. Je l'ai ouvert. Les pages n'avaient jamais été numérotées auparavant. Elles l'étaient maintenant. Les chiffres des pages semblaient avoir été marqués lors de l'impression du carnet.

J'ai regardé Casey de nouveau. Elle me fit un clin d'œil en haussant les épaules. « Puisque vous les publierez... »

Assurément, j'avais encore beaucoup de choses à apprendre. Je me suis rendu à la page 56 :

Vous ne choisissez pas où vous naissez, mais vous choisissez où vous restez. Vous ne choisissez pas au milieu de qui vous naissez, mais vous choisissez qui vous côtoyez.

« Une partie de l'aventure de la vie consiste à réaliser ce que ces paroles signifient, dit Casey, soit vous accorder à vous-même la liberté de faire vos choix et d'avancer. Pas seulement physiquement, mais sur le plan affectif aussi. C'est ce que Jessica réalise actuellement.

– J'ai appris ce qu'est la vraie liberté, repris-je. C'est la capacité de ne pas vous laisser restreindre par des circonstances comme votre lieu de naissance et les conditions de votre enfance. Tous ceux que j'ai rencontrés et qui ont écrit leur propre histoire et défini leur propre façon de vivre ont compris cela. Et ce sont les gens qui semblent le plus jouir de la vie.

– Ils ont créé leur propre terrain de jeu », ajouta Casey.

Au moment où nous arrivions à la hauteur du feu, Mike jouait les derniers accords au ukulélé et les filles se laissaient choir sur le sable tout en gesticulant et en riant.

Mike remarqua que je tenais mon carnet de *ha-ha!* entre mes mains. Il jeta un coup d'œil vers Casey.

« Lui en as-tu parlé ? »

Elle fit un signe affirmatif.

Il me regarda à mon tour. « Qu'en pensez-vous, John ? Pouvons-nous être votre premier client ? »

J'ai souri en approuvant. « Absolument ! »

Chapitre 52

Mike sourit à son tour.

« Très bien ! dit-il, peut-être qu'au bout du compte, vous n'aurez plus besoin de revenir travailler un an pour payer le voyage suivant. Vous pourrez financer vos voyages par la vente de votre livre de *ha-ha!*.

– J'aime bien l'idée, avouai-je.

– L'un de mes amis a publié un livre qui fut traduit en plusieurs langues, dit Jessica. Aujourd'hui, il voyage à travers le monde pour donner des conférences et rencontrer ses lecteurs. Il aime voyager autant que vous. Mais quelqu'un d'autre paie ses voyages maintenant. Il adore cela.

– Et voilà, en profita Casey, quelqu'un, quelque part, le fait déjà. Pourquoi pas vous?

– Je vais vous le présenter, proposa Jessica.

– Ah, l'Univers est à l'œuvre, conclut sagement Tutu. Sachez précisément ce que vous voulez. Alors, vous allumez le phare qui envoie son signal à travers le champ de la pure potentialité. En un instant, tout se met en place. »

53

Mon esprit se mit en action. Les peurs et l'incertitude du début s'étaient complètement dissipées.

Être payé pour voyager à travers le monde et parler à des lecteurs aussi versés que moi dans l'univers des *ha-ha!*, ce serait vraiment fantastique. Des frissons parcoururent mon corps. C'était la bonne idée, l'idée juste! Mon corps me le confirmait. Si je voulais bien la suivre, une grande aventure m'attendait.

« Puis-je jeter un coup d'œil à votre livre? me demanda Tutu.

– Bien sûr », répondis-je en lui tendant mon carnet.

Elle s'assit sur le sable et commença à lire des passages. Je me suis assis à mon tour.

« Comment vas-tu, Coconut? » Mike avait retrouvé Emma et Sophia. Il se faisait tard. Après avoir mangé et dansé, les filles commençaient à se sentir fatiguées. Emma tendit les bras à son père qui la prit et la colla sur sa poitrine. Il lui donna un baiser sur la tête.

– Est-ce que ce serait le temps d'aller dormir?

– Pas encore », dit la fillette en secouant la tête.

Mike s'assit sur le sable. Emma se blottit contre lui, bien installée sur ses genoux. Sophia retrouva Tutu et en fit autant. Tutu sourit et lui caressa la tête.

« Voilà votre livre, John, me dit-elle en me remettant mon carnet. Merci de m'avoir permis de le feuilleter.

– Je vous en prie.

– Si vous le désirez, je peux vous aider, poursuivit-elle. J'ai beaucoup d'amis sur l'île, dont des propriétaires d'hôtels. Je crois que votre livre est très spécial. C'est le genre de lecture que les gens apprécieraient sur la plage, alors qu'ils ont du temps pour penser. Je ne peux vous l'assurer, mais peut-être que quelques hôteliers en achèteraient des exemplaires pour les offrir à leurs visiteurs. »

Je n'arrivais pas à le croire.

« Vraiment?

– Vraiment, confirma-t-elle en riant. Dites-le-moi lorsque vous aurez des exemplaires disponibles et je vous aiderai. »

Tout se déroulait si vite. J'en étais étonné, même si je ne devais pas l'être. C'était ce que j'avais appris ici la première fois ; lorsque vous amorcez quelque chose et que vous savez que vous êtes sur la bonne voie, l'aide vient de partout.

« Page 71 », dit simplement Casey.

J'ai ouvert mon carnet à cette page et j'ai lu le passage à voix haute : *Lorsque vous regardez le ciel par une belle nuit étoilée, vous n'arrivez à voir que 0,00000005 % des étoiles de notre galaxie. Et nous ne parlons que de notre galaxie ! Il y a au moins 125 milliards de galaxies dans l'Univers. Si une présence bien aimante a pu créer tout cela, la manifestation de votre rêve est assurément dans la mesure de ses capacités. Demandez à être guidé et honorez ce que vous recevrez en suivant ce guide.*

J'ai souri. « J'ai écrit cela en Afrique. Là-bas, le ciel étoilé est mieux que tout ce que j'ai pu voir ailleurs. À l'œil nu, vous voyez clairement la Voie lactée. Et avec des jumelles, vous pouvez observer chaque étoile et les voir émettre des couleurs, bleu, rouge, orange, et bien d'autres.

» C'était lors de mon second voyage en Afrique. Je m'étais demandé quel pays visiter. Quelqu'un m'avait alors dit que la Namibie était unique et différente. Je n'en avais jamais entendu parler auparavant. J'ai donc acheté un guide de voyage sur la Namibie et je faisais part aux gens qui me le demandaient de mon intention d'aller dans ce pays africain.

» Pas une semaine ne passait sans que quelqu'un me dise avoir déjà visité la Namibie ou vécu là-bas ou encore sans que je rencontre une personne qui en revenait justement. C'est comme si l'Univers m'avait observé, attendant que je précise mon intention. Une fois que je l'ai fait, instantanément, les liens sont créés. »

Je souris en regardant chaque personne. « Merci à vous tous. Il semble que le même processus se répète à la suite de votre idée de publier mon livre de *ha-ha!*. »

Jessica regarda Casey. « C'est ce que vous m'expliquiez ce matin, n'est-ce pas? C'est ce que vous vouliez dire. »

Casey fit signe que oui.

« À chaque instant, à chaque seconde, nous sommes au milieu du champ de la pure potentialité. Toutes nos actions, que nous le voulions ou non, émettent des signaux. Elles informent le champ de la pure potentialité de ce que nous voulons.

» Dans ce cas-ci, John n'a pas seulement vécu l'expérience de ses *ha-ha!*. Ils étaient suffisamment importants pour lui pour qu'il les note dans un carnet. Un signal fut émis. Lorsque nous lui avons demandé tour à tour si nous pouvions les lire, il les a gentiment partagés avec nous. Un autre signal fut émis. Il a réagi positivement à l'idée de publier son carnet. Encore un signal émis. Il a de nouveau réagi positivement lorsque vous lui avez parlé de votre ami auteur qui donnait des conférences à travers le monde. Un autre signal. Notre offre de devenir les premiers clients, celle de Tutu de l'aider... Autant de signaux additionnels. L'Univers voit qu'un schéma commence à se préciser rapidement. Et il vous envoie encore plus de ce qui semble vous intéresser.

– Choisis-moi, choisis-moi, choisis-moi encore..., chantonna Tutu doucement en souriant et en nous regardant, Jessica et moi.

– Je vois, dit Jessica. Si je suis malheureuse de ce que je reçois dans la vie, je dois commencer à émettre un signal différent, à garnir mon canoë de ce qui compte vraiment le plus pour moi. » Elle fit une brève pause. «Je comprends vraiment. »

Tutu lui sourit. «Alors, vous venez de comprendre l'un des plus importants *ha-ha!* qui soit. »

54

Mike avait ramassé le livre des *ha-ha!* et le feuilletait de nouveau. Il sourit à l'une des notes. « Que signifie celle-ci? » dit-il en la lisant à voix haute :

Ce n'est qu'une auto.

J'ai hésité, puis j'ai jeté un coup d'œil vers Jessica. Je n'ai rien dit.

Mike sourit de nouveau.

« Serais-je mieux d'en choisir une autre?

– C'est juste... juste... que... (J'ai bafouillé. J'ai de nouveau jeté un bref regard à Jessica qui me regardait elle aussi.)

– Qu'est-ce qu'il y a? demanda Mike.

– Oh, il ne veut pas me mettre dans l'embarras, répondit Jessica. Allez-y, John, me lança-t-elle.

– Je... »

Jessica se mit à rire. « Vous ne me blesserez pas, allez-y ! »

Je lui ai souri.

« D'accord. J'ai un ami qui, chaque fois que l'on se rencontre, me dit à quel point il souhaiterait vivre comme je le fais, à quel point il voudrait voyager et voir le monde. Chaque fois que je pars en voyage, il me dit toujours qu'il me retrouvera quelque part pour que je lui enseigne comment suivre mon modèle.

– Mais il ne le fait jamais ? » demanda Casey.

Je secouai la tête négativement.

« Jamais. Lorsque je lui en parle, il me répond qu'il ne peut s'absenter de son travail ou alors qu'un quelconque projet important est sur le point d'arriver. C'est toujours pareil. Mais, ça va, sauf que ça le dérange vraiment. Il veut vraiment partir.

– Ne peut-il pas prendre une pause pour un temps ? » demanda Jessica.

De nouveau, je secouai la tête négativement.

« Je lui ai posé la question. Le problème est qu'il dépense presque tout ce qu'il gagne. Il a l'habitude de dépenser son argent au fur et à mesure qu'il le reçoit au lieu d'économiser afin de préparer un voyage. Ainsi, il a l'impression qu'il ne peut jamais s'arrêter.

– Et en quoi est-ce relié à l'auto ? » s'interrogea Mike.

J'étais certain qu'il connaissait déjà la réponse.

« Son auto est en partie ce qui le coince à son emploi. Quelques années auparavant, il s'était procuré le tout dernier modèle d'une auto de luxe. Elle était équipée de toutes les options et de tous les gadgets imaginables : la caméra pour vous guider en marche arrière, les sièges chauffants, un GPS... Cette voiture est ahurissante, tout comme les paiements mensuels exigés. Sans compter les assurances et l'entretien. Au bout du compte, il dépense presque autant pour son auto que moi pour un loyer.

» Si on ajoute à cela ses dépenses courantes, il ne voit pas comment il pourrait prendre un temps d'arrêt, particulièrement pour faire comme moi et partir durant un an. »

J'ai haussé les épaules et poursuivi : « C'est bien ainsi, je ne le juge pas, ni lui ni personne dans une telle situation. C'est sa vie, ses choix, mais je ne crois pas que mon ami réalise à quel point ses choix entravent sa liberté de faire d'autres choix.

– Comme voyager avec vous pendant quelque temps, ajouta Tutu.

– Exactement. Si, au moins, il était passionné des voitures. Même pas. Ou s'il avait de multiples occasions de conduire. Mais ce n'est pas le cas. Il vit dans une grande ville et il se déplace la plupart du temps en taxi. Alors, l'auto demeure toute la journée dans un stationnement... qu'il doit aussi payer chaque mois !

» Dépenser est impulsif chez lui. Il voit quelque chose, il le veut, il l'achète. Après quelques mois, cet achat perd de son charme. Le bénéfice est bien minime par rapport à ce qu'il lui en coûte vraiment.

» Pour tout dire, je crois qu'il possède une auto en partie pour l'apparence. Il essaie de prouver quelque chose à quelqu'un...

– ... d'être membre d'un club dont il n'a pas, au fond, vraiment envie de faire partie », dit Jessica en jetant un regard vers Casey.

J'approuvai. « C'est une bonne façon de l'expliquer. Je n'y avais jamais pensé de cette façon, mais oui, c'est vrai. Dans son cas, du moins, ça me semble plutôt vrai. La dernière fois que je l'ai vu, il me disait encore à quel point il souhaitait pouvoir me rejoindre dans l'un de mes voyages. Mais je sais que ça n'arrivera pas. »

J'ai souri avant d'ajouter : « Au moins, ça m'a inspiré un *ha-ha!*.

– Explique-le, proposa Jessica.

– Selon notre conditionnement culturel, le succès et le bonheur sont grandement liés à l'argent ou aux biens matériels que nous possédons. En voyageant autour du monde, j'ai rencontré plusieurs personnes très différentes les unes des autres. Plusieurs avaient énormément d'argent, plusieurs autres n'en avaient pas du tout.

» Ces gens m'ont appris que la devise qui compte vraiment n'est pas l'argent. Ce sont les minutes. Être financièrement bien nanti n'est ni bon ni mauvais. Ça ne garantit pas le bonheur ni le malheur. J'ai été étonné de réaliser que, dans les régions les plus pauvres comme dans les plus riches, certaines personnes sourient constamment et d'autres froncent les sourcils continuellement.

» L'un des points communs des gens qui sourient constamment est leur style de vie. Ils ont choisi de vivre de façon à accumuler chaque jour le plus de minutes possible à faire des choses correspondant à leur raison d'être, en alignement sur leur cœur.

– John, combien votre ami dépense-t-il chaque mois pour son auto? me demanda Casey.

– Environ neuf cents dollars par mois, plus deux cents autres dollars pour le stationnement mensuel. Tout cela pour une auto qu'il n'utilise presque pas. Il n'obtient donc pas beaucoup de minutes de qualité en échange de l'argent qu'il dépense.

» S'il avait économisé chaque mois ces sommes durant un an et demi, il pourrait voyager avec moi... pendant toute une année! Et il en aurait retiré énormément de minutes de qualité.

» Alors, c'est ainsi que j'ai écrit cette note dans mon carnet pour me souvenir de dépenser mon argent selon la vie que je voulais vraiment vivre. (J'ai regardé Jessica.) Je suis désolé, je ne veux pas vous offenser. J'ai un autre ami qui, lui, est passionné d'autos. Il conduit un cabriolet classique de 1968 et, pour lui, c'est une merveilleuse façon de dépenser son argent. Il adore cette auto. Il la conduit toujours. Il adore aussi rencontrer des gens et son auto est souvent le point de départ de conversations. Pour lui, choisir de dépenser son argent pour une voiture est un choix sensé.

Jessica sourit.

« Ça va, John, dit-elle. Vous ne m'offusquez pas, croyez-moi. Vous me faites réfléchir, ça, oui, mais je ne suis pas offusquée.

– Pour tout dire, ça ne concerne même pas les autos précisément, précisai-je. Le but de mon *ha-ha!* est de me rappeler à moi-même de dépenser mon argent selon la vie que je désire. Pour moi, ça concerne les voyages et l'aventure. Pour une autre personne, ça peut être tout à fait autre chose. »

J'ai jeté un regard vers Casey et ajouté : « L'une des plus grandes leçons que j'ai retenues de ma première visite au café est exactement celle-là !

– Laquelle? demanda Jessica.

– Assurez-vous de l'importance d'une chose en la déterminant par vous-même, et non parce que d'autres vous ont convaincu qu'elle l'était.

– Ça me plaît, avoua Jessica.

– En quittant le café, la première fois, je n'avais plus la même vision de mon argent. C'était toute une prise de conscience. J'avais réalisé qu'une bonne partie de mon argent n'était pas investie dans la vie que je voulais vivre.

» Selon les standards de la plupart des gens, les années durant lesquelles je travaille n'ont rien de glorieux. Je ne sors pas beaucoup et je dépense peu. Et, comparés à une semaine de vacances dans un luxueux endroit, mes voyages d'une année n'ont rien de très étincelant, si je puis dire.»

J'ai souri. «Mais selon ce qui compte le plus pour moi, mes années en voyage sont extraordinaires. Je visite des régions différentes, j'explore des cultures diverses, je rencontre des gens intéressants et je vis chaque jour de nouvelles aventures... Les années de travail sont peut-être moins intéressantes, mais dans mes années de voyage, j'accumule une quantité phénoménale d'incroyables minutes de qualité.»

55

Tutu caressait les cheveux de Sophia qui s'était endormie sur ses genoux.

« J'ai une histoire pour vous, Jessica, dit-elle. Voulez-vous l'entendre? Je crois qu'elle vous aidera à comprendre pourquoi vous êtes venue au café aujourd'hui.

– J'adorerais l'entendre », répondit Jessica.

Tutu sourit tout en continuant à caresser les cheveux de Sophia. « Très bien, dans ce cas. Et après, il sera grand temps d'aller porter cette petite au lit. »

Tutu ferma les yeux un instant et commença. « Avez-vous déjà vu un matin brumeux, Jessica? Un matin où le brouillard est si épais que vous arrivez difficilement à voir devant vous? »

Jessica fit signe que oui. « Voici donc une histoire à propos d'un tel brouillard. Imaginez une belle vieille maison, une demeure immense avec une galerie. Autour d'elle se trouve un grand jardin qui, lui, est entouré d'une forêt dense. Un chemin mène de la galerie jusqu'à la forêt, en traversant le jardin. Et sur la galerie, surplombant le chemin, se trouve une *chaise berçante* . »

Tutu regarda Jessica. « Arrivez-vous à imaginer tout cela ? »

Jessica fit de nouveau un signe affirmatif de la tête. Tutu reprit.

« Selon mon expérience, pour plusieurs personnes, la vie est comparable à se bercer sur la galerie. Mais, lorsqu'elles regardent vers le jardin ou la forêt, tout ce qu'elles voient, c'est le brouillard ; un brouillard formé de tout ce que les autres essaient de leur faire voir, faire ou croire. Un brouillard rempli de leurs propres doutes, peurs et incertitudes, épaissi par tous les concepts et conditionnements négatifs qu'elles ont acceptés au cours de leur vie.

» Et elles s'assoient sur la galerie et se bercent. Elles se disent que si seulement ce brouillard pouvait se dissiper, ne serait-ce que cinq minutes, elles pourraient voir le chemin qui mène à la vie qu'elles désirent vraiment. Elles pourraient alors se lever de la berceuse, descendre les marches et partir à la conquête de cette vie.

» Puis, un jour, elles lisent une histoire inspirante ou elles entendent quelqu'un raconter comment il a réalisé un rêve caressé depuis longtemps. Comme par magie, le brouillard se dissipe alors pour quelques minutes et elles peuvent voir clairement le chemin menant à la vie à laquelle elles rêvent. Le chemin est merveilleux et lumineux ; il les appelle. Pendant ces minutes, elles jonglent avec l'idée de se lever et de suivre le chemin. Elles imaginent les aventures et la joie que leur nouvelle vie leur apporterait.

» Mais, les minutes passent et le brouillard se reforme, aussi dense qu'avant. Alors, les personnes retournent à leur berceuse... et elles se bercent... Par en avant, par en arrière!

» Avec le temps, elles en arrivent à se dire que si le brouillard pouvait se dissiper pour juste une heure, elles pourraient ainsi voir le chemin menant à la vie à laquelle elles rêvent. Elles pourraient se lever, descendre les marches et emprunter le chemin de leur idéal.

» Un jour, elles regardent un film particulièrement inspirant ou elles écoutent le récit incroyable de la vie d'une autre personne. Le message correspond exactement à ce à quoi elles rêvent pour elles-mêmes, comme si le réalisateur du film avait lu dans leur esprit ou comme si le récit de vie en question était le leur. Soudain, et pendant une heure, le brouillard se dissipe et les personnes peuvent voir claire-ment le chemin vers leur vie de rêve.

» Le chemin est beau et illuminé. Il les appelle. Pendant toute cette heure, elles pensent à se lever et à suivre le chemin. Elles imaginent les aventures et la joie qu'elles en retireraient.

» Mais l'heure se termine, et le brouillard se reforme aussitôt. Alors, elles retournent à leur berceuse... et elles se bercent... avant, derrière... avant, derrière...

» Le temps passe, et les personnes se disent que si seu-lement le brouillard pouvait se dissiper pendant 24 heures, elles pourraient voir la vie qu'elles rêvent de vivre. Elles pourraient se lever, descendre les marches et partir à la conquête de cette vie si désirée.

» Un jour, elles reçoivent la nouvelle que l'un de leurs bons amis est décédé. Une bonne personne, toujours aimable avec les autres, bien trop brillante pour partir si jeune... Et durant 24 heures, le brouillard se dissipe et les personnes voient plus clairement que jamais le chemin à prendre. Le chemin les interpelle encore plus intensément que jamais auparavant. Il est encore plus beau, plus brillant. Elles voient toutes les raisons qu'elles ont d'emprunter ce chemin, et toutes ces vieilles raisons pernicieuses qui les retiennent. Pendant 24 heures, elles ressentent l'urgence d'agir, de commencer...

» Mais la journée se termine et le brouillard s'est reformé une fois de plus. Elles recommencent donc à se bercer... avant, arrière... avant, arrière.

» Un beau matin, elles découvrent qu'il n'y a plus de brouillard. Elles attendent une heure, mais le brouillard ne se reforme pas.

» Une journée entière passe, puis deux et toujours pas de brouillard. De la galerie, elles peuvent voir clairement le chemin menant à la vie à laquelle elles ont rêvé depuis si longtemps. Il est beau, lumineux et il les interpelle. Elles imaginent les aventures qu'elles pourraient vivre et la joie qu'elles éprouveraient si seulement elles empruntaient ce chemin. Finalement, elles ne peuvent plus hésiter. Le jour est arrivé où elles décident de passer à l'action.

» Elles se lèvent de leur chaise, essaient de faire un pas... Mais, elles réalisent qu'elles ne sont plus capables de marcher. »

Jessica pleurait.

« Vous êtes jeune, Jessica, dit doucement Tutu. Vous êtes intelligente et talentueuse. Plusieurs aventures vous attendent, mais vous devez vous défaire du brouillard.

– Il y a des jours où il est si épais, dit Jessica à voix basse entre ses pleurs. La journée d'aujourd'hui était si dégagée. Le temps passé avec vous tous a dissipé le brouillard. » Elle fit une pause. « Mais qu'arrive-t-il lorsqu'il se reforme, lorsque je ne peux plus voir clairement le chemin ?

– Vous vous levez et vous commencez à marcher tout de même, répondit Tutu. Le chemin est toujours là et attend que vous le découvriez. Souvent, il suffit de faire un premier pas dans l'inconnu.

– Je ne suis pas certaine », dit Jessica.

Tutu laissa le silence planer pour un moment.

« Au milieu du brouillard le plus dense que vous puissiez imaginer, jusqu'à quelle distance pouvez-vous voir, Jessica ? »

Jessica hésita.

Tutu l'encouragea à poursuivre.

« Trois mètres, répondit Jessica.

– Et si vous demeurez assise sur la galerie, vous ne verrez jamais plus loin que trois mètres également », expliqua Tutu.

De nouveau, Tutu laissa le silence planer. « Si vous vous levez et faites juste un pas, un seul pas, jusqu'à quelle distance pourrez-vous voir ? »

Jessica haussa les épaules comme pour signifier qu'elle ne comprenait pas où Tutu voulait en venir.

« Trois mètres, répondit-elle.

– Oui, mais ce ne sont pas les mêmes trois mètres. »

Jessica devint silencieuse.

« Venez ici, mon enfant », lui dit Tutu.

Comme une petite fille, Jessica rampa sur le sable jusqu'à Tutu. Elle posa son front sur celui de Tutu et pleura. Elle pleura toutes les larmes de son corps.

Patiemment, Tutu réconforta Jessica, comme une mère l'aurait fait pour son enfant. Lorsque Jessica cessa de pleurer, Tutu plaça ses mains contre son visage et la regarda dans les yeux.

« Lorsque vous avez fait ce simple pas aujourd'hui, les deux premiers mètres étaient semblables à ce qu'ils ont toujours été. Le dernier, cependant, était différent. Il était nouveau. Et c'est là que l'Univers a placé le commencement de votre chemin. »

Jessica sourit. Elle essuya les larmes sur ses joues.

« Pourquoi l'Univers ne l'a-t-il pas mis plus près ? » dit-elle en riant à travers ses larmes.

Tutu secoua la tête légèrement. « Parce que ce n'est pas ainsi que ça fonctionne. »

56

Casey, Jessica et moi avons tout ramassé et rapporté les objets à la cuisine du café. Mike et Tutu restèrent dehors. Emma et Sophia étaient dans leurs bras.

« Je vais m'occuper de la vaisselle », proposai-je en ouvrant le robinet.

Casey sourit.

« Ça va, John. Vous nous avez déjà beaucoup aidés aujourd'hui. Je vais m'occuper de tout nettoyer, dit-elle.

– Êtes-vous certaine ? »

Elle fit un signe affirmatif. « Je suis certaine ! »

Jessica déposa les trucs qu'elle transportait. « Ça me ferait plaisir de vous aider », offrit-elle.

Casey secoua la tête en souriant. « Merci, Jessica. Je vais m'en charger. Vraiment. »

Jessica regarda vers la salle à manger à travers l'ouverture du comptoir. Son tailleur, ses talons hauts et son sac à main reposaient sur la banquette où elle s'était assise le matin. « J'ai l'impression que ça date d'un million d'années, dit-elle, hésitante. Un million de vies... »

Elle se retourna vers Casey. « Tout ira bien, dit cette dernière. C'était avant que vous sachiez. Maintenant, vous savez. »

Un menu traînait sur l'un des comptoirs de la cuisine. Jessica le prit et le retourna. On y lisait toujours :

- *Pourquoi êtes-vous ici ?*
- *Jouez-vous dans votre terrain de jeu ?*
- *Avez-vous un HPM ?*

Elle regarda Casey.

« Cette dernière question... nous n'en avons jamais parlé », souligna Jessica.

Casey lui sourit.

« Qui étiez-vous, aujourd'hui ? demanda-t-elle.

– Que voulez-vous dire ?

– Qui étiez-vous, aujourd'hui ? » insista Casey.

Jessica réfléchit un instant. « En arrivant, ce matin, j'étais une femme d'affaires. » Elle prit un air penaud. « Une très solide femme d'affaires. Puis, je suis devenue une cliente dans un café très particulier. » Elle fit une pause avant de reprendre. « Sur les balançoires, j'étais une petite fille, comme autrefois. Et là-bas, dit-elle en pointant l'océan, j'étais une surfeuse, pour la première fois de ma vie.

– Et ensuite? » demanda Casey.

Jessica se mit à rire et reprit.

« J'étais une percussionniste, une danseuse et une étudiante...

– Et de tous ces rôles, lequel était vraiment vous? » demanda Casey.

Jessica la regarda.

« Avant aujourd'hui, j'aurais dit le premier, mais cela aurait été un mensonge. Ils sont tous moi. Je suis tous ces personnages.

– Alors, vous êtes très fortunée. Vous avez une HPM, une harmonie de personnalité multiple[2]. Vous comprenez que la vie offre une multitude de facettes et que vous avez vous-même plusieurs facettes. Vous accueillez le fait qu'à tout moment, vous pouvez être une surfeuse, une petite fille, une étudiante ou toute autre personnalité qui vous rend unique. Et vous embrassez les énergies et les émotions qui accompagnent ces facettes de vous.

» Vous vous faites le cadeau d'être toutes les personnalités que vous êtes, de garder disponibles tous les jeux de votre terrain de jeu qui vous font sourire, vous amusent et vous font sentir authentique. »

Casey sourit de nouveau.

---

2. NDT : En opposition au trouble de personnalité multiple.

« Parfois, il suffit d'un tout petit rappel à une partie de notre personnalité pour permettre à tout ce que vous êtes d'éclore. Un jour, une cliente vint au café. Elle avait cessé de chanter depuis plusieurs années. C'était pourtant l'un des aspects favoris de son terrain de jeu. Après être restée au café quelques heures, elle recommença à chanter, juste un soir et une heure par semaine avec une chorale.

» Elle disait qu'une heure de chant faisait d'elle une meilleure mère, une meilleure conjointe, une meilleure employée... bref, une meilleure personne. La redécouverte du chant avait tout changé pour elle.

– Ce que vous me dites m'apporte un tel sentiment de liberté, lui confia Jessica. C'est comme entendre quelque chose auquel j'ai toujours cru, mais que je ne me suis jamais permis de vivre. C'est moi, tout cela... la surfeuse, la percussionniste, la petite fille... et toutes les émotions qui en découlent. Je suis tout cela.

– Et probablement beaucoup plus », dit Casey en souriant. Elle tendit les bras et elle et Jessica se donnèrent une chaleureuse accolade.

« Merci, dit Jessica.

– Il n'y a pas de quoi. »

Puis, Jessica se tourna vers moi. « Merci à vous aussi, John. Ce matin, j'étais sur le point de partir lorsque vous êtes venu me parler à la table. Si vous ne l'aviez pas fait, je n'aurais jamais vécu tout ce que j'ai expérimenté aujourd'hui. »

Elle me tendit les bras. Nous nous sommes étreints chaleureusement à notre tour.

«Je suis heureux que vous ayez été avec nous, ici, aujourd'hui, lui dis-je. Et tant mieux si j'ai pu être d'une aide quelconque. »

Tutu et Mike nous avaient rejoints à la cuisine. Ils transportaient les filles endormies. Casey tendit les bras et Tutu lui passa Sophia. La petite se laissa choir sur l'épaule de Casey.

« Nous voulions vous dire *Aloha*, dit Tutu. Je crois que je devrai le faire pour Sophia. »

Jessica étreignit Tutu.

« *Aloha*. Et *mahalo*. Merci pour tout ce que vous m'avez enseigné ce soir.

– Pourquoi ne pas surfer ensemble la semaine prochaine, proposa Tutu. Un temps entre petites filles, vous et moi. »

Le visage de Jessica s'illumina comme jamais.

« Vraiment? J'adorerais cela!

– Moi aussi. »

Tutu se tourna ensuite vers moi et me fit une chaleureuse accolade.

« *Aloha*, John. Ce fut un grand plaisir de vous connaître. Je vais attendre fébrilement la parution de votre livre de *ha-ha!*. Je vais vous aider à le diffuser sur l'île.

– Ce fut un grand plaisir pour moi aussi, repris-je. Et je vous remercie pour votre aide. Je vais vous tenir informée au sujet de mon livre. »

Tutu étreignit ensuite Casey et Mike et leur dit au revoir. Casey lui déposa Sophia dans les bras.

« Voulez-vous que je vous raccompagne jusqu'à la maison? » demanda Casey.

Tutu lui fit signe que non. « C'est très gentil à vous, Casey, mais ce ne sera pas nécessaire. Je foule ce chemin jusqu'à cet endroit magique depuis que je suis une petite fille. Ça ira, rassurez-vous. »

Tutu sortit du café et s'éloigna dans la nuit.

Jessica regarda vers le devant du café.

« Je vais passer à la salle de bain pour me rafraîchir un peu et je vais ramasser mes trucs », dit-elle.

Je l'ai observée se rendre à la table où son téléphone et ses effets personnels se trouvaient.

« Vous l'avez grandement aidée, John, me dit Casey. On dirait qu'elle est une nouvelle personne.

– Je me souviens de ce sentiment, dis-je en me tournant vers Casey et Mike. À quel point une personne peut être transformée en passant un peu de temps ici, avec vous deux.»

Mike sourit et replaça correctement Emma sur son épaule. Il me tendit la main. «C'était bon de vous revoir, John.»

Je lui serrai la main avec joie. «Même chose pour moi. Merci pour toutes ces belles conversations.»

Il me fit un signe approbateur, puis se tourna vers Casey. «Casey, est-ce que tu peux poursuivre, s'il te plaît? Je dois mettre cette petite au lit.»

Elle acquiesça.

«J'en suis heureuse.

– *Aloha*, John, dit Mike avant de sortir par la porte arrière du café.

– *Aloha*, Mike.»

Tout était calme et silencieux.

«Allons à l'extérieur, à l'avant du café», suggéra Casey.

Nous nous sommes dirigés vers la porte d'entrée. En passant, j'ai effleuré le chrome du comptoir et le dessus de la distributrice en fontaine. Un sentiment de tristesse me traversa.

«Vous reviendrez, dit Casey, et plus tôt que vous le pensez.»

Je l'ai regardée. « Si je viens ici en vélo demain, est-ce que le café sera toujours là ? »

Elle sourit. « Ça dépend d'un million de choses, John. »

J'étais triste de nouveau. Casey posa sa main sur mon épaule. « Lorsque votre livre de *ha-ha!* sera publié, gardez les yeux ouverts. Nous avons une commande pour vous. »

J'ai balancé la tête. Au même moment, Jessica sortit de la salle de bain et s'avança vers nous. Elle avait retiré son maillot et enfilé son tailleur de femme d'affaires. Ses cheveux étaient relevés tout comme lorsqu'elle était arrivée ce matin. Elle portait aussi ses talons hauts. Soudain, son téléphone sonna, Jessica s'immobilisa et fouilla dans son sac à main.

J'ai regardé Casey, qui s'est contentée d'un haussement d'épaules.

Jessica retira son téléphone de son sac, mais elle avait manqué l'appel. « N'est-ce pas étrange ? dit-elle en observant son téléphone. Maintenant, le signal est parfaitement capté. Et j'ai plusieurs messages. »

Elle se mit à se concentrer sur son téléphone et à faire dérouler les messages. Son visage devint sérieux et assombri.

J'ai de nouveau jeté un regard à Casey.

« Il est très tard, John, constata cette dernière. Vous êtes en vélo, n'est-ce pas ? Serez-vous en mesure de retourner à la maison à partir d'ici ? »

Je l'ai rassurée. « Les routes sont plutôt sombres dans le secteur, mais je vais rouler lentement. Ça ira, ne vous en faites pas. »

En vérité, je n'étais pas vraiment sûr de pouvoir y arriver, mais je me disais que je trouverais bien le moyen de rentrer.

« Je vais vous reconduire, dit Jessica en tenant son téléphone dans une main et en me regardant. « Je peux vous reconduire à la maison. »

Je l'ai observée un instant, dans son tailleur et ses talons hauts. « Ça ira, Jessica. Mon vélo n'est pas très propre après la longue randonnée de ce matin. Et votre véhicule n'est pas vraiment le modèle parfait pour transporter des vélos... je ne veux pas salir toute votre auto. »

Jessica regarda Casey en souriant.

Son visage n'était plus assombri ni sérieux. Son sourire était revenu. Elle affichait la même belle énergie d'ouverture qu'elle dégageait sur les balançoires, plus tôt dans la journée. Elle éteignit son téléphone et le lança dans son sac à main.

« Qu'y a-t-il? lui ai-je demandé.

– C'est juste une auto, dit-elle en souriant encore plus. C'est juste une auto. »

Merci d'avoir visité le Why Café.

Nous avons un cadeau pour vous.

Vous pouvez télécharger gratuitement
un livre numérique intitulé
« "1001" inspirational Quotes* »
en visitant le site www.whycafe.com/quotebook

Vous trouverez d'autres ressources (en anglais seulement)
pour vous aider à découvrir et vivre votre raison d'être
et vos cinq grands rêves de vie
sur le site www.whycafe.com

Des cours y sont offerts tout au long de l'année...
ainsi que le livre des ha-ha! de John

Encore une fois, merci,
Et profitez bien de votre livre de citations inspirantes.

---

*En anglais seulement

À PROPOS DE L'AUTEUR

À la suite d'un événement marquant qui a eu lieu lorsqu'il avait 33 ans, John se sentit inspiré et rédigea d'un trait l'histoire du Why Café. Il n'avait aucune formation ni aucune expérience d'auteur.

Un an après son lancement, le livre, soutenu par le bouche à oreille des lecteurs, fut distribué à travers le monde, inspirant des gens sur tous les continents, incluant l'Antarctique. Il devint un livre à succès et atteignit la première position des palmarès et fut traduit dans plus de 25 langues.

Depuis, John a écrit d'autres livres : *Le Safari de la vie*, *Les 5 Grands Rêves de Vie* et le tout dernier, *Le retour au Why Café*. Il a aussi coécrit *Riche et Heureux*.

Par son écriture et ses présences à des émissions de télé et de radio, John a inspiré des millions de personnes à vivre la vie à laquelle elles rêvent en leur proposant un message simple mais provocant. Il a été nommé l'une des sept personnalités les plus inspirantes dans les domaines du *leadership* et du développement personnel, aux côtés d'Oprah Winfrey, de Wayne Dyer et de Deepak Chopra. Son succès et la reconnaissance qu'il obtient l'étonnent encore et nourrissent son humilité.

Lorsqu'il n'écrit pas, il est souvent en voyage autour du monde avec sa famille.

Pour en savoir davantage sur John ou pour connaître ses disponibilités pour des conférences, vous êtes invité à visiter le www.whycafe.com.

MARQUIS

Québec, Canada

RECYCLÉ
Papier fait à partir
de matériaux recyclés
FSC® C103567

Imprimé sur du papier Enviro 100% postconsommation traité sans chlore, accrédité ÉcoLogo et fait à partir de biogaz.

100%   PERMANENT   BIO GAZ
                        ÉNERGIE